CADERNOS DE PROCESSO DO TRABALHO
N. 36

Dedico este Caderno
ao Armando Casimiro Costa Filho, *in memoriam*.

Manoel Antonio Teixeira Filho

Advogado — Juiz aposentado do TRT da 9.ª Região - Fundador da Escola da Associação dos Magistrados do Trabalho do Paraná — Professor Emérito do Centro Universitário de Curitiba-Unicuritiba - Professor na Escola da Magistratura do Trabalho do Paraná — Membro do Instituto Latinoamericano de Derecho del Trabajo y de la Seguridad Social — do Instituto de Direito Social do Brasil — da *Société Internacionale de Droit du Travail et de la Sécurité Sociale* — do Instituto dos Advogados do Paraná — da Academia Nacional de Direito do Trabalho — da Academia Paranaense de Letras Jurídicas - do Instituto dos Advogados de São Paulo

CADERNOS DE PROCESSO DO TRABALHO

N. 36

MANDADO DE SEGURANÇA

PRIMEIRA PARTE

De acordo com a Lei n. 13.467/2017 (Reforma Trabalhista)

LTr®

LTr®

LTr Editora Ltda.

Rua Jaguaribe, 571
CEP 01224-003
São Paulo, SP — Brasil
Fone (11) 2167-1101
www.ltr.com.br
Abril, 2021

Produção Gráfica e Editoração Eletrônica: PIETRA DIAGRAMAÇÃO
Projeto de capa: DANILO REBELLO
Impressão: META BRASIL

Versão impressa — LTr 6036.9 — ISBN 978-65-5883-027-6
Versão digital — LTr 9778.0 — ISBN 978-65-5883-029-0

Dados Internacionais de Catalogação na Publicação (CIP)

(Câmara Brasileira do Livro, SP, Brasil)

Teixeira Filho, Manoel Antonio

Cadernos de processo do trabalho n. 36/Manoel Antonio Teixeira Filho. – 1. ed. – São Paulo: Ltr, 2021.

Bibliografia

ISBN 978-65-5883-027-6

1. Direito processual do trabalho 2. Direito processual do trabalho – Brasil I. Título.

21-58071 CDU-347.9:331(81)

Índice para catálogo sistemático:

1. Brasil: Direito processual do trabalho 347.9:331(81)

Aline Graziele Benitez Bibliotecária – CRB-1/3129

SUMÁRIO

Capítulo I – Lineamentos históricos 7
1. Comentário 7

Capítulo II – O mandado de segurança na legislação brasileira 11
1. As primeiras sugestões 11
2. A reforma constitucional de 1926 12
3. A Constituição de 1934 13
4. A Lei n. 191, de 16 de janeiro de 1936 15
5. A Carta outorgada em 1937 20
6. O Código de Processo Civil de 1939 21
7. A Constituição de 1946 24
8. A Lei n. 1.533, de 31 de dezembro de 1951 24
9. A Constituição de 1967 26
10. O Código de Processo Civil de 1973 27
11. A Constituição de 1988 28
12. A Emenda Constitucional n. 45/2004 29
13. A Lei n. 12.016, de 7 de agosto de 2009 29
14. O Código de Processo Civil de 2015 34
15. Os Projetos iniciais 35
15.1. Projeto n. 148 do Deputado Gudesteu Pires 35
15.1.1. O Projeto substitutivo da Comissão de Justiça da Câmara 36
16. O Anteprojeto de Othon Sidou 39

Capítulo III – Os sistemas norte-americano e mexicano 46
1. Sistema norte-americano 46
2. Sistema mexicano 49

Capítulo IV – Institutos afins 53
1. Mandado de injunção 53
2. *Habeas data* 81
3. *Habeas corpus* 83
4. Ação popular 84
5. Ação civil pública 85
5.1. A questão da Lei n. 7.853, de 24 de outubro de 1989 87

Capítulo V – Ação de mandado de segurança 89
1. Conceito 89
2. Natureza jurídica 93
3. Relação jurídica 96
4. Classificação 97
5. Desistência 100

CAPÍTULO I

LINEAMENTOS HISTÓRICOS

1. Comentário

Os estudiosos costumam indicar as seguranças reais, previstas nas Ordenações reinícolas portuguesas, como a origem próxima do mandado de segurança[1], que a atual legislação de nosso país consagrou[2].

Antes de nos manifestarmos sobre essa opinião doutrinal, devemos lembrar que o conceito daquela figura do processo lusitano vinha estampado no Título CXXVIII, do Livro V, das Ordenações Filipinas:

> *Segurança Real geralmente se chama a que pede às Justiças a pessoa, que se teme de outra por alguma razão. E se a Justiça da Terra, a quem for pedida, for informada, que a pessoa, que pede esta segurança, tem razão justa de se temer, mandará vir perante si aquele, de que pede segurança, ou irá a ele, ou mandará lá o Alcaide, segundo a qualidade da pessoa for e requerer-lhe-á da Nossa parte, que segure aquele, que dele pede segurança; e se o segurar, mandar-lhe-á disso um instrumento público, ou carta testemunhável, segundo for o julgador.*

Cabe esclarecer que o instrumento público e a carta testemunhável, referidos no texto dessas Ordenações, constituíam documentos atestatórios da autenticidade de um direito ou de um fato; a dessemelhança formal, entre um e outro, estava em que o primeiro era elaborado por tabelião, ao passo que o segundo, por escrivão.

Em traços gerais, o procedimento judicial relativo às seguranças reais era o seguinte: o indivíduo, que se sentisse ameaçado por outrem, dirigia-se ao juiz competente, a quem narrava os motivos de seu temor. Caso o magistrado se convencesse dessas razões, e as considerasse ponderosas, determinava a citação do "ameaçador", solicitando-lhe, em nome do Rei, que "segurasse" o ameaçado, vale dizer, que garantisse não lhe acarretar nenhum mal ou dano.

---

(1) Leis n. 1.533, de 31-12-51 e n. 4.348, de 26-6-64.

(2) CAETANO Marcelo, *As raízes luso-brasileiras do mandado de segurança* <Cidade> RF, 252:30.

Se o "ameaçador" concordasse em dar a segurança, o juiz concedia ao ameaçado um instrumento público ou uma carta testemunhável, contendo os termos em que a "segurança" deveria ser efetivada.

Na hipótese de o "ameaçador" recusar-se a "segurar" o ameaçado, dispunham as Ordenações reinóis em exame:

> *E não querendo segurar, o Julgador o segurará da Nossa parte de dito, feito e conselho, e além disto castigará o que por seu mandado não quiser dar a dita segurança, pelo desprezo, que lhe assim fez, e a pena será segundo a qualidade da pessoa, e a razão, que tiver e disser, porque não fez mandado.*

A expressão "*dito, feito*", constante do texto normativo reproduzido, deve ser interpretada como significativa de *brevidade*, e o vocábulo "*conselho*", como sinônimo de *discrição* (qualidade do que é discreto). Sendo assim, conclui-se que a segurança real: a) deveria atender a um procedimento extremamente rápido, sumário; b) tinha a sua concessão subordinada a um ato discricionário do magistrado, que o praticava, quase sempre, segundo certos critérios de oportunidade e conveniência.

Embora as Ordenações portuguesas não declarassem, de maneira expressa, que a segurança somente seria outorgada quando o "ameaçador" fosse um particular, o sistema político, então vigente, inibia a possibilidade de essa medida ser utilizada para neutralizar atos ilegais da Administração. A respeito dessa marcante característica de absolutismo da monarquia lusitana, disse, conceituosamente, o Visconde do Uruguai:

> *Nem qualquer autoridade ia ou podia ir de encontro ao que o Governo achasse de interesse público. Tinha este muitos meios para a fazer embicar no caminho que convinha, e era tão forte que não podia ser, e não era, contrariado. Eram os juízes seus delegados e instrumentos e não havia divisão entre o Poder Judicial*(3) *e Administrativo, que jaziam confundidos.*(4)

Desse modo, a impetração da segurança real estava restrita a atos emanados de particulares, porquanto, de acordo com o pensamento do período, os praticados pela Administração encontravam legitimidade na própria origem

Sem contestar o parecer doutrinal predominante, que vê nas seguranças reais portuguesas o elemento originador do mandado de segurança, entendemos que esse possui algumas de suas raízes presas também a outros institutos regrados pelas Ordenações Filipinas, como as cartas de segurança, que eram

---

(3) Em nosso sistema constitucional, a locução "Poder Judicial" só figurou no texto de 1824, pois os posteriores (1934, 1937, 1946, 1967/1969 e 1988), em melhor técnica, preferiram falar de um Poder Judiciário.

(4) *Ensaio sobre o Direito Administrativo*, Rio Janeiro: vol. 1, 1862, p.135.

emitidas pelo juiz em nome do Rei (logo, tinham a forma de instrumento público), a pedido do interessado, e destinadas a assegurar o acatamento a seus direitos, que se encontrassem sob ameaça de lesão iminente, por parte de terceiro, fosse este particular ou autoridade pública. Assim como as seguranças reais, as cartas de segurança apenas eram passadas pelo juiz quando o ameaçador se negasse a "segurar" o ameaçado.

É relevante assinalar que as precitadas cartas podiam ser utilizadas, indistintamente, nos domínios do processo civil e do criminal.

As Ordenações em estudo cuidavam, ainda, de uma outra espécie de carta, chamada de "seguro", cujo emprego estava circunscrito à esfera criminal (Livro V, Título CXXIX). Eram expedidas em favor de pessoas acusadas da prática de crimes e tinham o escopo de impedir que fossem presas antes da conclusão do processo, contanto que se submetessem a determinadas condições, previamente estabelecidas. Daí, a forte parecença desse remédio com o *habeas corpus*.

Alguns juristas procuram ligar a origem do mandado de segurança aos instrumentos de tutela da posse de direitos pessoais, disciplinados pelas Ordenações Filipinas[5]. Nada obstante, essas providências visassem à manutenção de coisas incorpóreas, como as prerrogativas, as honras e outras dignidades e funções, em rigor possuíam natureza de autênticos *interditos possessórios*, motivo por que não nos parece possível realizar, sem distorções consideráveis, uma aproximação íntima dessas medidas interditivas com o mandado de segurança de nossos tempos.

Fundamentalmente, pois, o mandado em questão tem a sua gênese histórica nas seguranças reais e nas cartas de segurança, de que se ocupavam as Ordenações Filipinas. Não se trata, como se possa imaginar, de simples origem onomástica, atada ao vocábulo "segurança", mas, sim, ontológica, na medida em que ambas foram instituídas como instrumentos especificamente incumbidos da proteção de direitos ameaçados de lesão por ato ilegal de terceiro. Essa significativa nota teleológica comum às seguranças reais e às cartas de segurança, de um lado, e ao mandado de segurança, de outro, conduz à inevitável ilação de que este derivou daquelas.

Parece-nos elementar que tal inferência não é infirmada pela singularidade de as seguranças reais somente poderem ser dadas quando o "ameaçador" fosse um particular — sabendo-se que a função medular do mandado de segurança reside, ao contrário, no combate a ato de autoridade, praticado em desrespeito à lei ou mediante abuso de poder (Lei n. 12.016/2009, art. 1.º). Ora, não se pode fazer tábua rasa do fato de que os povos, ao incorporarem às

(5) BUZAID, Alfredo. *Do Mandado de Segurança*. São Paulo: Saraiva, vol. 1, 1989, p. 26.

suas legislações certos institutos concebidos por culturas alienígenas, soem imprimir-lhes algumas modificações — com maior ou menor intensidade — tendentes a adequá-los à realidade e às necessidades locais, sem que esse natural processo de adaptação apague os rastros históricos de tais institutos.

Seja como for, as *cartas de segurança* reinóis portuguesas, como procuramos demonstrar, eram emitidas com a finalidade de promover a defesa de direitos ameaçados de ofensa por ato privado ou de autoridade pública, revelando-se, assim, como geratrizes do mandado de segurança criado pelo gênio brasileiro e que representa, sem dúvida, uma das mais notáveis e genuínas expressões do Estado de Direito.

CAPÍTULO II

O MANDADO DE SEGURANÇA NA LEGISLAÇÃO BRASILEIRA

1. As primeiras sugestões

Ao elaborar o projeto de revisão constitucional — publicado, posteriormente, de forma apendicular ao seu escrito sobre "A Organização Nacional", em 1914 — Alberto Torres encontrou oportunidade para sugerir a instituição de uma providência jurisdicional, distinta do *habeas corpus* e dos interditos possessórios, destinada a fazer respeitar, de maneira preventiva, os direitos individuais, públicos ou privados, ameaçados por ato de particular ou do próprio Poder Público, a ser deferida quando nenhum outro instrumento especial fosse apto para esse fim. A denominação *mandado de garantia,* que atribuiu à referida medida, tomou-a por empréstimo a Meio Freire, que a utilizara quando da feitura do seu Projeto de Código Criminal português.

Essa novidade processual, alvitrada por Alberto Torres, vinha regulada no art. 73 do projeto por ele feito, *verbis:*

> *É criado o mandado de garantia, destinado a fazer consagrar, respeitar, manter ou restaurar, preventivamente, os direitos individuais, públicos ou privados, lesados por ato do poder público, ou de particulares, para os quais não haja outro remédio especial.*

Mais tarde, no Congresso Jurídico realizado pelo Instituto dos Advogados Brasileiros, em 1922, para comemorar o Centenário da Independência, o Ministro Muniz Barreto, da Suprema Corte, sugeriu que fosse criado, em nosso sistema de direito positivo, um instituto análogo ao *recurso de amparo,* existente no México, que teria a função de proteger direitos não tutelados pelo *habeas corpus.* Após argumentar que:

> *O incremento da vida judiciária e a necessidade de solução rápida de certas situações de anormalidade, apreciáveis de plano pelos tribunais e incabíveis no remédio do habeas corpus, exigem a criação de um instituto processual capaz de reintegrar o direito violado.*

Ele procurou persuadir a todos quanto à necessidade de introduzir-se em nosso meio jurídico um instrumento semelhante ao *juicio de amparo* mexicano, dotando-o, todavia, de um procedimento mais célere e que compreendesse não só o agravo ao direito que proviesse de autoridade pública, como o que derivasse de ato privado.

No que tocava ao procedimento, em particular, propôs:

> *Exposto o fato na petição, provado com documentos que façam prova absoluta e citada a lei que se diz violada com esse fato, o juiz mandará que o indiciado ofensor responda em prazo breve, instruindo a resposta com os instrumentos que tiver. Tal como se fosse um processo de habeas corpus, o juiz julgará sem demora a causa. Se verificar que o fato alegado não é certo e líquido ou não está provado, mandará que o requerente recorra aos juízos comuns.*

2. A reforma constitucional de 1926

Quando da reforma Constitucional Federal de 1891, empreendida em 1926, Herculano de Freitas, Relator-Geral, pôde lançar oportuna advertência no sentido de que:

> *Se as nossas leis processuais se acham desprovidas de meios rápidos e eficazes para reparar a ofensa a respeitáveis direitos, é o caso de se criarem e regularem esses remédios jurídicos, sem desvirtuar o habeas corpus.*

À luz dessa orientação, inúmeros Projetos de Lei foram apresentados à Câmara dos Deputados, como, p. ex., os de Gudesteu Pires ("mandado de proteção e de restauração"), em 1926; Afrânio de Meio Franco ("mandado de reintegração, de manutenção, ou proibitório"), em 1927; Matos Peixoto ("ação de manutenção"), em 1927; Odilon Braga ("ordem de garantia"); Bernardes Sobrinho ("mandado proibitório"); Clodomir Cardoso ("mandado de reintegração, de manutenção ou proibitório") e de Sérgio Loreto ("mandado assecuratório ou recuperatório").

Dentre esses projetos, o de maior destaque foi o elaborado por Gudesteu Pires, Deputado por Minas Gerais. Estatuía o art. 1.º, *caput*, desse projeto (que recebeu o n. 148):

> *Todo direito pessoal, líquido e certo, fundado na Constituição ou em lei federal, e que não tenha como condição de exercício a liberdade de locomoção, será protegido contra quaisquer atos lesivos de autoridades administrativas da União, mediante o processo dos artigos seguintes.*

Dispunha esse Projeto que quando se tratasse de simples ameaça, a autoridade administrativa seria citada, preliminarmente, para uma justificação, quando o impetrante deveria comprovar a "iminência do fato alegado", sempre que esta não se encontrasse patente no documento emanado da autoridade coatora (art. 2.º). Sendo iminente o ato lesivo de direito, ou já consumada a lesão, a autoridade ofensora seria citada para comparecer ao juízo competente, no prazo improrrogável de 48 horas, que passaria a fluir da apresentação, em cartório, da certidão da citação (art. 3.º)[(6)].

No ano seguinte (1927), Afrânio de Meio Franco apresentou substitutivo ao projeto de Gudesteu Pires, no qual, após reconhecer que aquele Projeto

> *[...] teve como objetivo procurar para os direitos pessoais um sistema pronto e eficaz de garantia como o que já protege, na legislação em vigor, a posse das coisas corpóreas e a quase-posse dos direitos reais [...]*

Concluiu que para atender aos fins visados pelo trabalho de Gudesteu Pires seria bastante estender aos direitos pessoais os mesmos meios de proteção "que se têm mostrado suficientes à defesa dos direitos reais".

Coerente com esse ponto de vista, Melo Franco deu a seguinte redação ao art. 12 do seu substitutivo:

> *Todo aquele que for ilegalmente privado do exercício de um direito pessoal, turbado no mesmo exercício, ou sob ameaça de o ser, por ato ou decisão de uma autoridade administrativa, poderá requerer à justiça um mandado de reintegração, de manutenção ou proibitório.*

Lamentavelmente, contudo, nenhum dos diversos projetos apresentados se converteu em lei, a despeito dos proveitosos debates parlamentares que sobre eles se estabeleceram, pois a Revolução de 1930 fez cessar os trabalhos legislativos. Tais ideias e debates, entretanto, não foram em vão, porquanto iriam exercer larga influência no pensamento futuro, acerca do assunto, conforme veremos.

3. A Constituição de 1934

João Mangabeira, integrante da Comissão do Anteprojeto constitucional — denominada Comissão Itamarati — propôs a instituição de um remédio judicial protectivo de direito incontestável, ameaçado ou violado por ato ilegal da administração, fazendo-o nestes termos:

> *Toda pessoa que tiver um direito incontestável, ameaçado ou violado por um ato manifestamente ilegal do Poder Executivo, poderá requerer ao Poder Judiciário que o ampare com um mandado de segurança. O juiz, recebendo o pedido, resolverá dentro de setenta e duas horas, depois de ouvida a autoridade coatora. E se considerar o remédio legal expedirá o mandado, ou proibindo*

---

(6) Consulte-se, no final deste capítulo, a íntegra do Projeto.

esta de praticar o ato, ou ordenando-lhe restabelecer integralmente a situação anterior, até que a respeito resolva definitivamente o Poder Judiciário.

Parece caber a João Mangabeira o mérito, a precedência, no uso da expressão *mandado de segurança;* se, efetivamente, foi criação sua é algo de que se pode duvidar. O que de verdadeiro se sabe é que sobredita expressão constou do Diário Oficial da União, de 4 de fevereiro de 1934, na pág. 2.246, que fazia referência à sessão da Comissão Itamarati realizada em 27 de janeiro daquele ano.

Semelhante à proposta de João Mangabeira foi a de Themístocles Brandão Cavalcanti, para quem, entretanto, a lei deveria estabelecer *processo especial,* de *rito sumariíssimo,* com a finalidade de amparar o direito violado ou ameaçado de lesão, no prazo de *cinco dias,* contados do pedido inicial e depois de ouvida a autoridade coatora.

Com pequenas nuanças de literalidade, a redação do texto final do Anteprojeto revelava que as sugestões formuladas por João Mangabeira e Themístocles B. Cavalcanti haviam sido aceitas, conquanto a elas se houvesse acrescentado a advertência de que o mandado de segurança não seria deferido se o requerente tivesse, há mais de trinta dias, conhecimento do ato ilegal, ou se a questão fosse sobre impostos, taxas ou multas fiscais.

Quando da primeira discussão do aludido Anteprojeto, diversas emendas foram apresentadas, sendo relevante observar que a maioria delas fazia menção a *direito certo e incontestável,* ou a *direito incontestável,* como objeto do mandado de segurança. No substitutivo oferecido, aliás, não se cogitava de um direito certo, líquido e incontestável, assim como se subordinava a ação de segurança ao processo do *habeas corpus.* Após longas e acaloradas discussões, acabou prevalecendo o substitutivo, embora dele se escoimassem certos exageros e superfluidades.

Na Constituição da República dos Estados Unidos do Brasil, promulgada a 16 de julho de 1934, o mandado de segurança vinha regulado no art. 113, n. 33, assim redigido:

> *Dar-se-á mandado de segurança para a defesa de direito, certo e incontestável, ameaçado ou violado por ato manifestamente inconstitucional ou ilegal de qualquer autoridade. O processo será o mesmo do habeas corpus, devendo ser sempre ouvida a pessoa de direito público interessada. O mandado não prejudica as ações petitórias competentes.*

É interessante anotar que, quando essa Constituição entrou a viger, inexistia lei ordinária disciplinadora do mandado de segurança, que, apesar disso, passou a ser impetrado em juízo em decorrência da autoexecutoriedade inerente aos preceitos constitucionais declaratórios de direitos. O procedimento, como previsto no texto da própria Suprema Carta, foi o do *habeas corpus.* Tínhamos, a contar daí, em nosso meio, um instituto jurídico concebido pelo talento brasileiro com o elevado objetivo de promover a tutela de direito "certo e incontestável", violado ou ameaçado de lesão por ato ilegal de autoridade[7] — instituto que atraiu a atenção de estudiosos de outros países, como foram os casos de Marcelo Caetano, de Niceto Alcalá-Zamora y Castillo e de Fix-Zamudio, entre outros.

No Rio de Janeiro (à época, capital do país), o primeiro mandado de segurança de que se tem notícia teria sido solicitado contra a União Federal, oficiando nos autos o Primeiro Procurador da República, Themístocles Brandão Cavalcanti, cujo Parecer assinalava: "É a primeira aplicação que se pretende dar ao instituto criado pelo art. 113, n. 33, da Constituição, no Juízo Federal desta Capital, o que torna de excepcional importância a espécie dos autos, pela necessidade de fixar, desde logo, a natureza desse novo remédio processual, em boa hora criado pela Constituição de 16 de julho".

A primeira lei editada para regular o processo relativo ao mandado de segurança foi a de n. 191, de 15 de janeiro de 1936. De suas várias disposições, mencionam-se as pertinentes: a) à enumeração das situações em que o mandado de segurança seria cabível (art. 4.º); b) à utilização desse remédio jurídico dentro do prazo preestabelecido, sob pena de sua caducidade (art. 3.º); c) à ampliação da tutela do "mandamus" aos *interesses*, de tal modo que poderia ser impetrado por terceiro, ou concedido a favor deste (art. 6.º, § § 1.º e 2.º).[8]

4. A Lei n. 191, de 16 de janeiro de 1936

A Lei n. 191/1936 foi a primeira norma ordinária a regular, entre nós, a ação de mandado de segurança. A sua inegável importância histórica justifica a transcrição integral do seu texto, que faremos em seguida, para permitir que os estudiosos possam verificar até que ponto essa Lei influiu na redação dos textos posteriores, constitucionais ou infraconstitucionais.

Ei-lo:

O Presidente da República dos Estados Unidos do Brasil:

Faço saber que o Poder Legislativo decreta e eu sanciono a seguinte lei:

Art. 1.º Dar-se-á mandado de segurança para defesa de direito certo e incontestável, ameaçado ou violado, por ato manifestamente inconstitucional, ou ilegal, de qualquer autoridade.

---

(7) Informa Othon Sidou (*As Garantias Ativas dos Direitos Coletivos*, Rio de Janeiro: Forense, 1977, p. 243) que, horas depois de haver sido promulgada a Constituição Federal de 1934, era ajuizado, na Comarca de Limoeiro, em Pernambuco, o primeiro mandado de segurança, tendo como impetrante o advogado Manuel Cavalcanti e como autoridade coatora o funcionário municipal Alfredo da Silva Mota.

(8) Veja-se o texto no final deste capítulo.

Parágrafo único. Consideram-se atos de autoridade os das entidades autárquicas e de pessoas naturais ou jurídicas, no desempenho de serviços públicos, em virtude de delegação ou de contrato exclusivo, ainda quando transgridam o mesmo contrato.

Art. 2.º O mandado não prejudica as ações petitórias competentes.

§ 1.º A decisão do mandado de segurança não impede que a parte reitere a defesa de seu direito por ação competente, nem por esta pleiteie efeitos patrimoniais não-obtidos.

§ 2.º Poderá renovar-se o pedido do mandado somente quando a decisão denegatória lhe não houver apreciado o merecimento.

§ 3.º Cabe o mandado de segurança contra quem executar, mandar ou tentar executar o ato que o tenha provocado.

Art. 3.º O direito de requerer mandado de segurança extingue-se depois de 120 dias, contados da ciência do ato impugnado.

Art. 4.º Não se dará mandado de segurança quando se tratar:

I— de liberdade de locomoção, exclusivamente;

II— de ato de que caiba recurso administrativo, com efeito suspensivo, independente de caução, fiança ou depósito;

III — de questão puramente política;

IV — de ato disciplinar.

Art. 5.º Compete processar e julgar originariamente o pedido de mandado de segurança:

I — nos casos de competência da Justiça Federal:

a) contra atos do Presidente da República, de Ministro de Estado ou de seu presidente — à Corte Suprema;

b) contra atos de quaisquer outras autoridades federais, inclusive legislativas; e de entidades autárquicas, institutos ou empresas que dirijam ou explorem serviços criados e mantidos ou delegados pela União — aos tribunais ou juízes federais de primeira instância;

c) contra ato de juiz ou tribunal federal, ou do seu presidente — ao mesmo juiz ou tribunal pleno;

II — nos casos de competência da Justiça Eleitoral, aos tribunais e juízes designados nas leis de sua organização;

IIII — nos casos de competência da Justiça local:

a) contra atos das autoridades determinadas na lei de organização judiciária — à Corte de Apelação. Quando o ato impugnado for da Corte de Apelação, de alguma de suas Câmaras, ou de seu presidente, ou de outro juiz, será competente o tribunal que a lei de organização judiciária determinar;

b) nos demais casos — ao juiz competente do cível.

Parágrafo único. No Distrito Federal e no Território do Acre será competente a própria Corte Plena, nos casos mencionados na parte final, do n. III, *a*.

Art. 6.º Só o titular de direito certo e incontestável, ameaçado ou violado, poderá, por pessoa habilitada na forma do Dec. n. 20.784, de 14 de novembro de 1931, com as modificações ulteriores, requerer mandado de segurança.

§ 1.º Sempre que o direito ameaçado ou violado seja certo e incontestável, mas não se tenha individualizado o titular respectivo, cabendo, indeterminadamente, a uma ou mais dentre determinadas pessoas, qualquer destas poderá votar (impetrar) mandado de segurança para que o mesmo direito seja garantido a alguma delas.

§ 2.º Quem tiver o seu direito certo e incontestável, ameaçado ou violado, em consequência de ameaça ou violação feita a direito igualmente certo e incontestável de terceiro, poderá notificar, oportunamente, esse mesmo terceiro para que impetre mandado de segurança, a fim de salvaguardar o seu direito, sob pena de responder pela plena indenização das perdas e danos decorrentes da omissão.

Art. 7.º A petição inicial, em três vias, conterá:

a) o nome, o estado civil, a profissão e o domicílio do impetrante;

b) exposição circunstanciada do fato;

c) demonstração de ser o direito alegado certo e incontestável;

d) indicação precisa, inclusive pelo nome, sempre que possível, da autoridade a quem se atribua o ato impugnado;

e) referência expressa ao texto constitucional ou legal em que se funde o direito ameaçado ou violado por aquele ato;

f) o pedido de garantia ou de restauração do direito.

§ 1.º Dever-se-á instruir a petição, quando necessário, com documentos probatórios do direito alegado e a sua ameaça ou violação. À segunda e à terceira vias da petição inicial juntará o requerente cópias autenticadas de todos os documentos.

§ 2.º Se o requerente afirmar que documento, necessário à prova de suas alegações, se acha em repartição pública, ou em poder de autoridade, que não lhe dê a certidão respectiva, o juiz requisitará, por ofício, a sua exibição, em original ou em cópia autenticada, no prazo que fixar, de três a oito dias úteis. Se a autoridade, indicada pelo requerente, for a coatora, a requisição se fará no mesmo ofício em que se lhe pedirem informações; se se tratar de outra autoridade, a requisição lhe será dirigida preliminarmente, aguardando-se a decisão do incidente para se pedirem informações nos termos do art. 8.º, § 1.º.

§ 3.º Nos casos do parágrafo precedente, se a autoridade não atender à requisição, poderá o impetrante, nos três dias subsequentes à determinação do prazo fixado, requerer nos mesmos autos justificação, por testemunhas, do alegado, com citação do Ministério Público e dos representantes da pessoa jurídica de direito público interessada, e da pessoa ou entidade a que atribua o ato impugnado. A justificação não exclui outras diligências que o juiz possa determinar, nem elide a responsabilidade da autoridade a que se fizera a requisição.

§ 4.º Sempre que a autoridade enviar cópia do documento, ou for por ela extraída em juízo, o impetrante pagará os emolumentos que seriam devidos pela certidão.

Art. 8.º A inicial será desde logo indeferida quando não for caso de mandado de segurança ou lhe faltar algum dos requisitos desta lei.

§ 1.º Conhecendo do pedido, o juiz imediatamente:

a) mandará citar o coator, por oficial do juízo, ou por precatória, a fim de lhe ser entregue a segunda via da petição inicial, com a respectiva cópia dos documentos;

b) encaminhará, por esse ofício, em mão do oficial do juízo ou pelo correio, sob registro, ao representante judicial, ou, na falta, ao representante legal de pessoa jurídica de direito público interno, interessada no caso, a terceira via da petição inicial com a respectiva cópia dos documentos.

§ 2.º Se se tiver juntado aos autos documento requisitado na forma do art. 7.º, § 2.º, ou prestado a justificação autorizada pelo art. 7.º, § 3.º, serão anexadas, à segunda e à terceira vias da petição inicial, cópias extraídas pelo escrivão, dessas mesmas peças.

§ 3.º Na contrafé de citação, a que se refere a letra *a* do § 1.º,assim como no ofício de que trata a letra *b* do mesmo parágrafo, será fixado o prazo de dez dias úteis, que correrá em cartório, depois de juntar-se aos autos a contrafé e o recibo do ofício, para a apresentação da defesa e das informações reclamadas.

§ 4.º Quando o destinatário do ofício recusar recebê-lo, ou dar-lhe recibo, o oficial do juízo, que tenha sido portador do mesmo ofício, ou o funcionário postal competente, certificará o ocorrido; e a certidão será junta aos autos para os efeitos do parágrafo precedente.

§ 5.º Logo que expedir o ofício de que trata o § 1.º o escrivão juntará aos autos cópia autenticada do mesmo.

§ 6.º Findo o prazo do § 3.º, o escrivão fará os autos conclusos, com as alegações e informações recebidas, ou sem elas.

§ 7.º Se, pelas informações, o juiz verificar que o ato foi ou vai ser praticado por ordem de autoridade que, pela sua hierarquia, esteja sujeita a outra jurisdição, mandará remeter o processo ao juiz do tribunal competente.

§ 8.º O juiz proferirá o julgamento dentro em cinco dias depois que receber os autos.

§ 9.º Quando se evidenciar, desde logo, a relevância do fundamento do pedido, e decorrendo ato impugnado lesão grave irreparável do direito do impetrante, poderá o juiz, a requerimento do mesmo impetrante, mandar, preliminarmente, sobrestar ou suspender o ato aludido.

Art. 9.º Serão representados:

a) a União, na Corte Suprema, pelo procurador-geral da República; na Justiça Eleitoral e na Junta Militar, pelos órgãos do Ministério Público respectivos; nos demais juízos e tribunais, pelo procurador secional que for designado — na Justiça Federal, pelo juiz do feito, e, nas Justiças locais, pelo procurador da República;

b) os Estados e os Municípios, em primeira e segunda instâncias, na conformidade das leis respectivas;

c) o Distrito Federal, em qualquer instância, por seus procuradores, na forma da legislação em vigor.

Art. 10. Julgando procedente o pedido, o juiz:

a) transmitirá, em ofício, por mão oficial do juízo, ou pelo Correio, sob registro, o inteiro teor da sentença ao representante legal da pessoa jurídica de direito público interno, interessada, e no caso do artigo 1.º, parágrafo único, também ao representante legal da pessoa que praticou o ato impugnado;

b) fará expedir, *incontinenti*, como título executório em favor de quem o impetrou, o mandado de segurança, determinando as providências especificadas na sentença contra a ameaça ou violência.

Parágrafo único. Recebendo a cópia da sentença, o representante da pessoa jurídica de direito público, sob pena de responsabilidade, ou, no caso do art. 1.º, parágrafo único, o representante da pessoa que praticou o ato impugnado, sob pena de desobediência, dará imediatamente as providências necessárias para cumprir a decisão judicial.

Art 11. Cabe recurso, dentro em cinco dias, contados da intimação, da decisão que indeferir *in limine* o pedido ou que, a final, conceder ou denegar o mandado, O recurso não terá efeito suspensivo, subindo, porém, nos próprios autos originários.

§ 1.º O recurso poderá ser interposto pelo impetrante, pela pessoa jurídica de direito público interno interessada, ou pelo coator.

§ 2.º Para a Corte Suprema caberá recurso ordinário nos casos do art. 76, n. 2, II, *a* e *b*, e recurso extraordinário nos casos do mesmo artigo, n. 2, III.

Art 12. O recorrente e o recorrido terão sucessivamente, por três dias cada um, vista dos autos, a fim de oferecerem alegações e documentos.

§ 1.º Conclusos os autos, em seguida, ao juiz, em quarenta e oito horas, manterá ele, ou não, a decisão recorrida, mandando que, num ou noutro caso, subam os autos à instância superior, sem mais alegações.

§ 2.º Recebidos os autos na instância superior, serão preparados, dentro em cinco dias úteis, pena de deserção, e imediatamente distribuídos e conclusos ao relator designado. Este os apresentará em mesa, na primeira sessão subsequente, procedendo-se ao julgamento.

§ 3.º Quando a decisão da instância superior conceder o mandado, ou confirmar o de que fora suspensa a execução, proceder-se-á na conformidade do art. 10; quando o cassar, logo se fará a comunicação a que se refere o mesmo artigo, expedindo-se contramandado para intimação do impetrante e do coator quando confirmar a concessão do mandado, já expedido, far-se-á apenas a comunicação, nos termos já aludidos.

§ 4.º Ressalvado o recurso extraordinário, quando cabível, à decisão do recurso somente se poderão opor embargos de declaração.

Art. 13. Nos casos do art. 8.º, § 9.º, e art. 10, poderá o presidente da Corte Suprema, quando se tratar de decisão da Justiça federal, ou o da Corte de Apelação, quando se tratar de decisão da Justiça local, a requerimento do representante da pessoa jurídica de direito público interno interessada, para evitar lesão grave à ordem, à saúde ou à segurança pública, manter a execução do ato impugnado até o Julgamento do feito, em primeira ou em segunda instância.

Art. 14. Nos casos de competência originária da Corte Suprema ou da Corte de Apelação, caberá ao relator designado a instrução do processo, procedendo-se ao julgamento em Corte Plena.

Art. 15. Em caso de urgência, o pedido de mandado de segurança, com os requisitos desta lei, poderá transmitir-se por telegrama, ou radiograma, bem assim as comunicações, mandados e quaisquer de terminações de juiz ou Corte.

§ 1.º Os originais serão sempre apresentados à agência expedidora com as firmas reconhecidas por tabelião da localidade e, esta circunstanciada, declarada no despacho.

§ 2.º Quando o mandado for transmitido por telegrama ao juiz competente da localidade, este fará autuar o telegrama e expedir outro mandado, em que transcreverá o teor daquele, a fim de ser cumprido por oficiais do juízo.

§ 3.º Quando requerido por telegrama o mandado, caberá ao escrivão do feito extrair cópias do mesmo telegrama para os fins do art. 8.º, § 1.º *a* e *b*.

Art. 16. O processo do mandado de segurança prefere a qualquer outro salvo *o habeas corpus;* pode iniciar-se e correr em férias, e admite a intervenção de terceiro como assistente de qualquer das partes.

Art. 17. Os prazos ou termos estabelecidos nesta lei são contínuos e improrrogáveis e a transgressão e inobservância de qualquer deles, além das cominações estabelecidas nas leis de processo, acarretará, para o juiz, escrivão e representante do Ministério Público, a pena de suspensão de suas funções até sessenta dias.

Parágrafo único, Os prazos fixados para apresentação de documentos (art. 7.º, , § 2.º) ou para prestação de informação (art. 8.º, § 3.º), poderão ser ampliados pelo juiz, até o triplo, atendendo à dificuldade, ou demora notória de comunicações, ou a outras circunstâncias especiais que reconheça.

Art 18. Esta lei será comunicada por telegrama aos governadores e interventores dos Estados, a fim de ser imediatamente publicada em todo o País.

Art. 19. Revogam-se as disposições em contrário.

Rio de Janeiro, 16 de janeiro de 1936; 115.º da Independência e 48.º da República.

Getúlio Vargas

Vicente Rao

5. A Carta outorgada em 1937

O, então, Presidente da República, Getúlio Vargas, após alegar que estava

"Atendendo às legítimas aspirações do povo brasileiro à paz política e social, profundamente perturbada por conhecidos fatores de desordem, resultantes da crescente agravação dos dissídios partidários, que uma notória propaganda demagógica procura desnaturar em luta de classes, e da extremação de conflitos ideológicos, tendentes, pelo seu desenvolvimento natural, a resolver-se em termos de violência, colocando a Nação sob a funesta iminência da guerra civil;

Atendendo ao estado de apreensão criado no país pela infiltração comunista, que se torna dia-a-dia mais extensa e mais profunda, exigindo remédios de caráter radical e permanente;

Atendendo a que, sob as instituições anteriores, não dispunha o Estado de meios normais de preservação e de defesa da paz, da segurança e do bem-estar do povo;

Com o apoio das forças armadas e cedendo às inspirações da opinião nacional, umas e outra justificadamente apreensivas diante dos perigos que ameaçam a nossa unidade e da rapidez com que se vem processando a decomposição das nossas instituições civis e políticas",

Getúlio Vargas impôs ao país uma Carta Constitucional, em 10 de novembro de 1937, não sem antes haver declarado que o fazia com o escopo de

> *assegurar à Nação a sua unidade, o respeito à sua honra e à sua independência, e ao povo brasileiro, sob um regime de paz política e social, as condições necessárias à sua segurança, ao seu bem-estar e à sua prosperidade.*

Razões político-ideológicas à parte, o fato concreto, a ser realçado, é que essa Carta não previu o mandado de segurança, nada obstante se houvesse ocupado do *habeas corpus*, no art. 122, n. 16. Nesse ponto, representou uma trágica involução, pois anatematizou um salutar instituto consagrado pela Constituição de 1934.

Isso não quer dizer que o mandado de segurança tenha deixado de existir, na ordem processual, pois a Lei n. 191, de 15 de janeiro de 1936, não foi revogada pela Carta de 1937. O que houve, na realidade, nesse período, foi que o mandado de segurança deixou de ser uma garantia constitucional, para converter-se em mera manifestação normativa ordinária. Como se não bastasse, o Decreto-Lei n. 6, de 16 de novembro de 1937, espelhando a vocação ditatorial do regime imperante, restringiu, acentuadamente, o campo de atuação do mandado de segurança, ao impedir, *v. g.*, a sua impetração contra atos do Presidente da República, de Ministros de Estado, de Governadores e de Interventores estaduais. É oportuno lembrar que, por força do disposto na letra "j", do art. 74, da referida Constituição, competia, privativamente, ao Presidente da República "intervir nos Estados e neles executar a intervenção, nos termos constitucionais".

6. O Código de Processo Civil de 1939

A 1.º de fevereiro de 1940, entra em vigor o primeiro Código de Processo Civil, unitário, do país, instituído pelo Decreto-Lei n. 1.608, de 18 de setembro do mesmo ano.

Esse digesto processual tratou do mandado de segurança no Livro IV, atinente aos *processos especiais* (arts. 319 a 331); em resumo, a matéria vinha assim disciplinada:

a) o mandado era concedido para a defesa de direito "certo e incontestável", ameaçado de lesão ou violado por ato manifestamente inconstitucional ou ilegal, de qualquer autoridade, salvo do Presidente da República, dos Ministros de Estado, dos Governadores e dos Interventores (art. 319, *caput*). O Código mantinha, assim, as restrições constantes do revogado Decreto-Lei n. 6, de 1937;

b) quando o direito ameaçado ou violado coubesse a uma categoria de pessoas indeterminadas, qualquer delas teria legitimidade para impetrar mandado de segurança (art. 319, § 1.º);

c) equiparavam-se a atos de autoridade os de estabelecimentos públicos e de pessoas físicas ou jurídicas, no desempenho de serviços públicos, em virtude de delegação ou contrato exclusivo, ainda quando transgredissem o contrato ou exorbitassem da delegação (art. 319, § 2.º);

d) caberia o mandado, também, contra quem executasse, mandasse ou tentasse executar o ato lesivo de direito (art. 319, § 3.º);

e) o *mandamus* não teria cabimento, entrementes, quando se tratasse: 1. de liberdade de locomoção, exclusivamente; 2. de ato de que coubesse recurso administrativo, com efeito suspensivo, independentemente de caução; 3. de ato disciplinar; 4. de impostos ou taxas, exceto se a lei, para assegurar a cobrança, estabelecesse providências restritivas da atividade profissional do contribuinte.

O procedimento traçado pelo estatuto processual de 1939 era, em linhas gerais, o seguinte:

a) a petição inicial, elaborada em três vias, deveria preencher os requisitos dos arts. 158 e 159 e conter a indicação precisa, inclusive pelo nome, sempre que possível, da autoridade a quem se irrogava a prática do ato impugnado (art. 321, *caput*);

b) se o impetrante afirmasse que o documento imprescindível à prova de suas alegações se achava em repartição ou estabelecimento público, ou em poder de autoridade que lhe recusasse certidão, o juiz requisitaria, preliminarmente, por ofício, a exibição do documento, em original ou cópia autenticada, no prazo de três a oito dias úteis, que fixasse; se a autoridade apontada pelo impetrante fosse a coatora, a requisição seria feita no próprio instrumento da notificação (art. 321, § 2.º);

c) ao despachar na petição inicial, o juiz determinaria: 1. a notificação da autoridade coatora, mediante ofício entregue por oficial de justiça e acompanhado da terceira via da petição inicial, instruída com as cópias dos documentos, a fim de que prestasse informações no prazo de dez dias; 2. a citação do representante judicial, ou, à falta deste, do representante legal da pessoa jurídica de direito público interessada na ação; o prazo para a contestação seria dez dias (art. 322, I e II);

d) exaurido o prazo para as informações e para a contestação, os autos eram conclusos ao juiz, para decidir em cinco dias (art. 324, *caput*). Quando ficasse patente a relevância do pedido e pudesse do ato impugnado decorrer lesão grave ou irreparável ao direito do impetrante, o juiz mandaria, desde logo, suspender o ato (*ibidem*,§ 2.º);

e) ao acolher o pedido ("julgado procedente", dizia o Código), o juiz: 1. transmitia, em ofício, por oficial de justiça ou pelo correio, mediante registro, com recibo de volta, o inteiro teor da sentença ao representante legal da pessoa jurídica de direito público interessada, e, no caso do art. 319, § 2.º, também ao representante legal da pessoa que tivesse praticado o ato impugnado; 2. mandaria expedir, de imediato, como título executório, o mandado de segurança, e determinaria as providências especificadas na sentença, contra a ameaça ou violação do direito (art. 325, I e II);

f) em caso de urgência, o mandado de segurança poderia ser impetrado por telegrama ou radiograma, o mesmo ocorrendo quanto às comunicações e demais ordens emanadas do juiz ou do tribunal (art. 326, *caput*);

g) recebendo a cópia da sentença, o representante da pessoa jurídica de direito público, sob pena de responsabilidade, ou no caso do art. 319, § 2.º, o representante legal da pessoa que houvesse praticado o ato impugnado, deveria providenciar de imediato, sob pena de desobediência, o cumprimento da decisão judicial (art. 327);

h) a decisão proferida na ação de segurança não impedia que o requerente, por ação própria, postulasse o direito e os respectivos efeitos patrimoniais (art. 329);

i) o pedido de segurança poderia ser renovado quando a decisão não lhe houvesse apreciado o mérito (art. 330);

j) o prazo para impetrar o mandado de segurança extinguia-se depois de cento e vinte dias, contados da ciência do ato ilegal da autoridade (art. 331).

Como vimos, o Código de Processo Civil de 1939 veio a lume em pleno "Estado Novo" e, fiel ao regime autoritário instaurado com a Carta de 1937, manteve o veto à possibilidade de o mandado de segurança ser utilizado para impugnar atos do Presidente da República, de Ministros de Estado, de Governadores e de Interventores — veto estabelecido pelo Decreto-Lei n. 16, de novembro de 1937. Não raro, porém, a história nos surpreende com suas ironias, com seus paradoxos: o mandado de segurança, uma das mais expressivas manifestações dos Estados Democráticos de Direito, encontrou naquele regime autoritário um ambiente propício ao seu emprego e à definição de seus contornos, fato que levou Othon Sidou a reconhecer, com razão, que esse instituto criou raízes sob a égide do "Estado Novo".[9]

---

(9) *Ob. cit.*, p. 244.

7. A Constituição de 1946

O texto Constitucional promulgado a 18 de setembro de 1946, que restabeleceu a democracia entre nós, a exemplo da Constituição de 1934 (art. 113, n. 33), inscreveu o mandado de segurança no capítulo dos Direitos e das Garantias Individuais. Estatuía o seu art. 141, § 24:

> *Para proteger direito líquido e certo não amparado por habeas corpus, conceder-se-á mandado de segurança, seja qual for a autoridade responsável pela ilegalidade ou abuso de poder.*

Como se percebe, essa Constituição "redemocratizadora" de nossa vida política:

a) abandonou a locução *direito certo e incontestável*, encontradiça nos textos anteriores (Const. Fed. de 1934, art. 113, n. 33, e CPC de 1939, art. 319, *caput*), introduzindo uma outra, *direito líquido e certo*, que seria incorporada pelas legislações futuras, a contar da Lei n. 1.533, de 31 de dezembro de 1951 (art. 1.º, *caput*);

b) eliminou a restrição do uso do mandado de segurança para impugnar atos do Presidente da República, de Ministros de Estado, de Governadores e de Interventores estaduais, que era estabelecida pelo CPC de 1939 (art. 319, *caput*);

c) não cogitou de ato *inconstitucional e ilegal*, como fizeram a Constituição de 1934 (art. 113, n. 33) e o CPC de 1939 (art. 319, *caput*), preferindo falar, apenas — e com acerto —, em *ato ilegal;*

d) incluiu o *abuso de poder* como pressuposto para a impetração do mandado, no que foi seguida pela Lei n. 1.533/1951 (art. 1.º, *caput;* Lei n. 12.016/2009, art. 1.º, *caput).*

e) aludiu a "seja qual for a autoridade responsável", expressão que a sobredita Lei n. 1.533/1951 transformou em "autoridade, seja de que categoria for (art. 1.º, *caput*), sem alterar-lhe a essência; idem, quanto à Lei n. 12.016/2009 (art. 1.º, *caput*).

f) dispensou a exigência de que a ilegalidade do ato fosse *manifesta* (Constituição de 1934, art. 113, n. 33 e CPC, art. 319, *caput*);

g) separou, com grande proveito prático e doutrinal, a esfera criminal da civil, ao dizer que o mandado de segurança se destinava a proteger direito líquido e certo "não amparado por *habeas corpus*".

8. A Lei n. 1.533, de 31 de dezembro de 1951

A norma legal citada veio a lume com a finalidade específica de regular, por inteiro, a matéria relativa ao mandado de segurança; com isso, ficaram expressamente revogados os arts. 319 a 331, do Código de Processo Civil, então vigente.

A Lei n. 1.533/1951, por sua vez, sofreu, mais tarde, diversas alterações, sendo importante sublinhar as introduzidas pelas Leis ns.:

a) 4.166, de 4 de dezembro de 1962, que ampliou o prazo para a prestação de informações, pela autoridade coatora, e para a exibição de documentos, por esta e por outras autoridades;

b) 4.348, de 26 de junho de 1964, que dispôs sobre o prazo para que as informações fossem prestadas pela autoridade apontada como coatara; fixou o prazo de eficácia da liminar (90 dias) e enumerou os casos em que seria decretada a perempção ou a caducidade da medida; proibiu a outorga de liminar visando à reclassificação ou equiparação de servidores públicos ou à concessão de aumento ou extensão de vantagens; tornou defesa a execução das sentenças não transitadas em julgado, sobre este assunto; atribuiu efeito suspensivo ao recurso voluntário ou à remessa *ex officio*, nos casos indicados;

c) 5.021, de 9 de junho de 1966, que estabeleceu normas atinentes ao pagamento de vencimentos e vantagens pecuniárias asseguradas em sentença concessiva de mandado de segurança, a servidor público civil.

Segundo a Lei n. 1.533/1951: a) o mandado de segurança tenderia à proteção de direito líquido e certo, não amparado por *habeas corpus*, sempre que, de maneira ilegal ou com abuso de poder, alguém sofresse violação ou tivesse justo motivo de sofrê-la por parte de autoridade, fosse de que categoria fosse, e independentemente das funções que exercesse (art. 1.º, *caput*). Para esse efeito, consideravam-se autoridades os representantes ou órgãos dos partidos políticos e os representantes ou administradores das entidades autárquicas e das pessoas físicas ou jurídicas com funções delegadas do poder público, tão só no que entendesse com essas funções (§ 1.º);

b) quando o direito ameaçado ou violado coubesse a várias pessoas, qualquer delas poderia impetrar mandado de segurança (§ 2.º);

c) reputava-se federal a autoridade coatora se as consequências de ordem patrimonial do ato impugnado houvessem de ser suportadas pela União Federal ou pelas entidades autárquicas federais (art. 2.º);

d) o titular de direito líquido e certo decorrente de direito, em condições idênticas, de terceiro, teria legitimidade para impetrar o mandado, a favor do direito originário, se o seu titular não o fizesse, em prazo razoável, apesar de, para isso, ser notificado pela via judicial (art. 3.º);

e) em situações de urgência, o mandado poderia ser impetrado por telegrama ou radiograma ao juiz competente, que poderia ordenar fosse efetuada pela mesma forma a notificação à autoridade dita coatora (art. 4.º);

f) o mandado de segurança não poderia ser dado quando se tratasse: 1. de ato de que coubesse recurso administrativo com efeito suspensivo, independente de caução; 2. de despacho ou decisão judicial, sempre que houvesse recurso previsto em lei ou pudesse ser modificado mediante correição; 3. de ato disciplinar, salvo quando praticado por autoridade incompetente ou com inobservância de formalidade essencial (art. 5.º);

g) a petição inicial, redigida com atendimento aos requisitos dos arts. 282 e 283 do CPC, seria apresentada em duas vias, e os documentos, que instruírem a primeira, deveriam ser reproduzidos, mediante cópia, na segunda (art. 6.º, *caput*). Se o documento necessário à prova do alegado estivesse em repartição ou estabelecimento público, ou em poder de autoridade que se recusasse a fornecê-lo por certidão, o juiz determinaria, previamente, por ofício, a exibição desse documento, em original ou cópia autêntica, e marcaria prazo de dez dias para o cumprimento da ordem. Se a autoridade que houvesse agido desse modo fosse a própria coatora, a ordem seria passada no mesmo instrumento da notificação (*ibidem*, par. único);

h) nos tribunais, incumbiria ao relator a instrução do processo (art. 14);

i) a decisão proferida na ação de segurança não obstava a que o impetrante, por ação própria, postulasse os seus direitos e os correspondentes efeitos patrimoniais (art. 15);

j) o pedido de mandado de segurança poderia ser renovado se a decisão recusativa não lhe apreciasse o mérito (art. 16);

k) o prazo para impetrar o mandado extinguir-se-ia em cento e vinte dias, contados do conhecimento, pelo interessado, do ato ameaçador do seu direito, ou que o tivesse violado (art. 18);

l) eram aplicáveis ao processo de mandado de segurança os dispositivos do processo civil concernentes ao litisconsórcio (art. 19).

9. A Constituição de 1967

Estabelecia o art. 150, § 21, dessa Constituição:

> *Conceder-se-á mandado de segurança, para proteger direito individual líquido e certo não amparado por habeas corpus, seja qual for a autoridade responsável pela ilegalidade ou abuso de poder.*

Substancialmente, a Carta de 1967 não introduziu nenhuma alteração de considerável monta no instituto. É verdade que aí se efetuou uma referência, aparentemente restritiva, a do direito individual, como se esse mandado não pudesse ser posto a serviço de direitos coletivos. Como ponderou Othon Sidou, no terreno jurídico-constitucional a expressão "direito individual" nada limita, seja na abrangência dos direitos constitucionalmente consagrados, seja na personalização dos sujeitos jurisdicionados:

> *[...] não significa uma pessoa só, mas todas as pessoas e é locução sinônima de direitos fundamentais, direitos coletivos e direitos do homem*[(10)]

Esse foi também *o pensamento de Seabra Fagundes,* para quem o adjetivo *individual,* colocado após o substantivo *direito,* nada mais representou do que o produto da

> *[...] irreflexão a que são dadas obras humanas, mesmo quando não feitas de afogadilho, como foi a nossa Constituição*[(11)].

De qualquer modo, a Emenda Constitucional n. 1, de 1969, eliminou o adjetivo *individual,* restaurando, neste particular, o enunciado do art. 141, § 24, da Constituição de 1946. Embora, na vigência da Carta de 1967, a doutrina houvesse passado a entender que o citado adjetivo não implicava nenhuma restrição subjetiva quanto ao uso do mandado de segurança (que, em função disso, podia ser impetrado por pessoas físicas, individualmente ou em conjunto, bem como pessoas jurídicas, de direito privado ou de direito público), a Emenda n. 1, de 1969, deitou por terra qualquer possibilidade de interpretação que procurasse consagrar essa limitação subjetiva.

Anteriormente, aliás, o Ato Institucional n. 6, de 12 de fevereiro de 1969, modificara o art. 114, item III, letra "*a*" da Constituição de 1967, banindo o recurso ordinário para o Excelso Pretório, em tema de mandado de segurança, e que era admissível quando a decisão de tribunais locais, ou federais, proferidas em única ou última instância, fosse recusatória.

10. O Código de Processo Civil de 1973

A 1.º de janeiro de 1974, entra a viger novo estatuto processual civil, instituído pela Lei n. 5.869, de 11 de janeiro de 1973. Esse Código, ao contrário do de 1939, não disciplinou o mandado de segurança, que, por isso, seguiu sendo regulado pela Lei n. 1.533/1951. Esta, a propósito, teve os seus arts. 12 e 13 modificados pela Lei n. 6.014, de 27 de dezembro de 1973, que os adaptou ao Código

---

(10) *Ob. cit.*, p. 245.

(11) "A Nova Constituição e o Mandado de Segurança", *in* Rev. Forense, vol. 219, p. 5..

de Processo Civil. Tempos depois, a Lei n. 6.071, de 3 de julho de 1974, corrigiu o erro de adaptação do parágrafo único da Lei n. 1.533/1951, cometido pela antedita Lei n. 6.014/1973. Mais do que isso, ela alterou o art. 19 da Lei n. 1.533/1951, para atualizar a remissão feita por essa norma legal a certos artigos do diploma processual civil de 1939, que foi revogado pelo de 1973, além de impor o duplo grau de jurisdição quando a sentença seja concessiva do mandado de segurança.(12)

11. A Constituição de 1988

A Suprema Carta Política do país, vigente desde 5 de outubro de 1988, inseriu expressivas modificações no instituto, como demonstram os incisos LXIX e LXX do art. 5.º.

> *LXIX — conceder-se-á mandado de segurança para proteger direito líquido e certo, não amparado por habeas corpus ou habeas data, quando o responsável pela ilegalidade ou abuso de poder for autoridade pública ou agente de pessoa jurídica no exercício de atribuições do Poder Público;*
>
> *LXX — o mandado de segurança coletivo pode ser impetrado por:*
>
> *a) partido político com representação no Congresso Nacional;*
>
> *b) organização sindical, entidade de classe ou associação legalmente constituída e em funcionamento há pelo menos um ano, em defesa dos interesses de seus membros ou associados.*

Desde 1946, os textos constitucionais de nosso meio excluíam do campo de proteção do *mandamus* aquela classe de direitos que pudesse ser amparada por *habeas corpus*. A Constituição de 1988 dilargou essa ressalva, ao aludir também ao *habeas data*, instituto de origem inglesa (*equity*) e, de certa forma, lusitana, tendente a assegurar o conhecimento de informações que respeitem à pessoa do requerente, constantes de registros ou de bancos de dados de entidades governamentais ou de caráter público e a promover a retificação de dados, quando não se preferir fazê-lo por meio de procedimento sigiloso, judicial ou administrativo (art. 5.º , LXXII).

De outra parte, deve-se chamar a atenção ao fato de a Constituição em vigor haver bosquejado a definição de autoridade coatora: autoridade pública ou agente de pessoa jurídica no exercício de atribuições do Poder Público.

A novidade mais significativa, no entanto, trazida por essa Constituição, radica, sem dúvida, no mandado de segurança *coletivo*, para cuja impetração estão legitimados, como vimos, os partidos políticos (desde que possuam representação no Congresso Nacional), as entidades sindicais, de classe e associações

---

(12) No final deste capítulo, reproduziremos, em homenagem a Othon Sidou, o anteprojeto de reforma da Lei n. 1.533/1951, por ele elaborado e entregue ao Instituto dos Advogados do Brasil, na década de 1970.

(bastando, para isso, que estejam legalmente constituídas e em funcionamento há, quando menos, um ano).

Sobre o mandado de segurança coletivo, e a tudo o mais que a essa modalidade diga respeito (procedimento judicial, interesses a serem por ele tutelados etc.), discorreremos mais adiante; por ora, fiquemos com o registro de que representa uma das mais expressivas inovações trazidas pela Constituição de 1988.

12. A Emenda Constitucional n. 45/2004

Em 31 de dezembro de 2004 entra em vigor a Emenda Constitucional n. 45, que introduziu diversas modificações na estrutura do Poder Judiciário, além de inserir algumas alterações na ordem processual.

Essa Emenda deu nova redação ao art. 114, da Constituição Federal, que dispõe sobre a competência da Justiça do Trabalho. Interessa-nos, em particular, o contido nos incisos IV e VII. Segundo tais incisos, compete a esta Justiça processar e julgar os mandados de segurança (além dos *habeas corpus* e *habeas data*) "*quando o ato questionado envolver matéria sujeita à sua jurisdição*" (IV) e "*as ações relativas às penalidades administrativas impostas aos empregadores pelos órgãos de fiscalização das relações de trabalho*" (VII). Da conjugação dessas duas disposições constitucionais se conclui que, pela primeira vez, os órgãos de primeiro grau (Varas) da Justiça do Trabalho passam a ter competência para apreciar mandado de segurança – impetrado, por exemplo, contra ato de autoridade local do Ministério do Trabalho.

Mais adiante, em capítulo específico, nos aprofundaremos no exame dessa inovação constitucional e de suas consequências no plano da realidade prática.

13. A Lei n. 12.016, de 7 de agosto de 2009

A proposta que deu origem à Lei supracitada surgiu no âmbito da Advocacia-Geral da União, ao tempo em que a instituição era chefiada por Gilmar Mendes, atual Ministro do STF. Participaram da elaboração do projeto diversos juristas, como o Ministro Menezes Direito, Arnoldo Wald, Caio Tácito, Luís Roberto Barroso e a professora Ada Pellegrini Grinover.

O projeto tramitou por quase oito anos no Congresso Nacional.

A Lei n. 12.016/2009 dispôs sobre o mandado de segurança individual e coletivo e deu outras providências, revogando, entre outras Leis, a de n. 1.533/1951.

É importante transcrevermos, a seguir, a Exposição de Motivos da Lei n. 12.016/2009, pois aí estão reveladas as razões pelas quais houve necessidade de elaborar-se a norma, as alterações e inovações por ela introduzidas etc.

Mensagem n. 824, de 2001.

Senhores membros do Congresso Nacional,

Nos termos do artigo 61 da Constituição Federal, submeto à elevada deliberação de Vossas Excelências, acompanhado de Exposição de Motivos dos Senhores Advogado-Geral da União e Ministro de Estado da Justiça, o texto do Projeto de Lei que 'Disciplina o mandado de segurança individual e coletivo e dá outras providências'

Brasília, 7 de agosto de 2001.

E.M.I. n. 00006 – AGU/MJ

Em 16 de abril de 2001.

Excelentíssimo Senhor Presidente da República,

1. Submetemos à consideração de Vossa Excelência o anexo Projeto de Lei que 'Disciplina o mandado de segurança individual e coletivo, e dá outras providências', calcado em proposta da Comissão de juristas constituída pela Portaria n. 634, de 23 de outubro de 1996, presidida pelo Professor Caio Tácito e da qual foram relator e revisor, respectivamente, o Professor Arnoldo Wald e o Ministro Carlos Alberto Direito.

2. Decorridos mais de sessenta e cinco anos da introdução do instuto do mandado de segurança no direito processual pela Carta Política de 1934 e quase meio século após a edição da Lei n. 1.533, de 31 de dezembro de 1951, que o regulamentou de modo sistemático, evidenciou-se a necessidade de atualizar a legislação sobre a matéria, considerando as modificações constitucionais acerca do tema e as alterações legais que sofreu. Não bastasse isso, o mandado de segurança gerou ampla jurisprudência sobre seus mais variados aspectos, que está sedimentada em súmulas dos tribunais.

3. Nesse contexto, o projeto se integra no movimento de reforma legal que busca a maior coerência do sistema legislativo, para facilitar o conhecimetno do direito vigente aos profissionais da área e ao cidadão, mediante a atualização, por consolidação em diploma único, de todas as normas que regem a mesma matéria.

4. Também inspiraram a Comissão importantes conquistas jurisprudenciais, como, por exemplo, impetração contra decisões disciplinares e por parte de terceiro contra decisões judiciais, bem como a adequada defesa pública, de modo a oferecer ao Poder Judiciário os elementos necessários a um julgamento imparcial, com a preservação dos interesses do Tesouro Nacional.

5. Em princípio, foram mantidas a redação e a sistemática das regras vigentes, a fim de evitar divergências de interpretação em matérias sobre as quais a jurisprudência já se consolidou.

6. Ao conceituar o mandado de segurança e definir o seu campo de atuação, o projeto mantém, em linhas gerais, o direito anterior, indicando como destinatário qualquer pessoa física ou jurídica, em garantia de direito líquido e certo. Equipara ao conceito de autoridade os representantes ou órgãos de partidos políticos e os administradores de entidades da administração descentralizada e delegada, excluídos, contudo, do âmbito do instituto, os atos comerciais de empresas púbicas, sociedades de economia mista e concessionários de serviços públicos (art. 1.º, § 2.º).

7. No caso de urgência da impetração e da comunicação da decisão, a proposta admite o uso de fax e de outros meios eletrônicos de autenticidade comprovada, adotando o disposto na lei n. 9.800, de 26 de maio de 1999, que 'permite às partes a utilização de sistema de transmissão de dados para a prática de atos processuais' (arts. 4.º e 13).

8. Na esteira da jurisprudência dos tribunais, o mandado de segurança é cabível contra sanções disciplinares ou, independentemente de recurso hierárquico, contra omissões da autoridade, após sua notificação judicial ou extrajudicial. Igualmente calcado na doutrina e na jurisprudência, o projeto considera autoridade coatora a que praticou o ato e aquela de quem emanou a ordem. Se suscitada pelo indicado coator a ilegitimidade passiva, admite-se a emenda da inicial no prazo de dez dias. (art. 6.º)

9. Para que a pessoa jurídica de direito público interessada possa apresentar a defesa do seu ato, o projeto determina que esta receba cópia da petição inicial, extraída dos autos pelo cartório, sem documentos, sendo-lhe facultado o ingresso no feito (art. 7.º). Tal medida já é utilizada em alguns Estados e se justifica em virtude das determinações da Constituilção vigente, que separaram as funções do Ministério Público e da Advocacia-Geral da União.

10. São mantidas, no projeto, as restrições impostas em leis especiais, que, em determinados casos, vedam tanto a concessão da medida liminar como a execução da decisão antes de seu trânsito em julgado. Também está prevista a possibilidade de o juiz exigir garantia do impetrante para que possa ser concedida a liminar (art. 7.º, III e 4.º).

11. Os efeitos da medida liminar, salvo se revogada ou cassada, são mantidos até a prolação da sentença, dando-se prioridade aos feitos nos quais tenha sido concedida (art. 7.º, §§ 3.º e 4.º).

12. As vedações relacionadas com a concessão de liminares estendem-se à tutela antecipada a que se referem os arts. 273 e 461 do Código de Processo Civil (art. 7.º, § 5.º).

13. Na hipótese de paralisação do andamento do processo, por culpa do impetrante, ou omissão de atos ou diligências a seu cargo, o projeto prevê que seja decretada a perempção ou caducidade da medida liminar (art. 8.º).

14. A fim de assegurar a adequada defesa da Administração, a proposta determina que a autoridade coatora remeta ao Ministério ou ao órgão ao qual está subordinada e à Advocacia-Geral da União ou entidade local correspondente o mandado notificatório com as informações cabíveis (art. 9.º).

15. Os casos de indeferimento da petição inicial e do recurso cabível são esclarecidos, de modo adequado, assim como o momento até o qual será admitido o litisconsórcio ativo, a fim de respeitar o princípio do juiz natural (art. 10).

16. Decorrido o prazo para que o coator preste as informações e a entidade, querendo, apresente a sua defesa, os autos serão encaminhados ao Ministério Público, se a matéria for de interesse público ou social, com o prazo improrrogável de dez dias, para opinar. Em seguida, o processo será concluso, com ou sem parecer, para que o magistrado profira sentença, no prazo de trinta dias (art. 12). Assim, em tese, o julgamento em primeiro grau de jurisdição deverá ocorrer em dois meses a partir do ingrersso do impetrante em juízo.

17. O projeto assegura à autoridade coatora o direito de recorrer, matéria ainda controversa na jurisprudênca (art. 14, § 2.º).

18. Com base em precedentes do Supremo Tribunal Federal e do Superior Tribunal de Justiça, a proposta prevê a possibilidade de a pessoa jurídica de direito púbico solicitar a suspensão da medida liminar, ou sentença, ao presidente de um dos tribunais superiores, quando denegado pelo Presidente do órgão julgador de segunda instância ou em agravo contra decisão deste (art. 15.).

19. Abrigando matéria que, em grande parte, apenas consta dos Regimentos Internos, o projeto regula o processo do mandado de segurança nos casos de competência originária dos tribunais (art. 16).

20. Não sendo publicado o acórdão no prazo de trinta dias contados da data do julgamento, é facultada sua substituiição pelas notas taquigráficas, independentemente de revisão.

21. Regulam-se os recursos contras as decisões do mandado de segurança proferidas em única instânca (art. 18).

22. O projeto trata, ainda, do mandado de segurança coletivo que, embora criado pela Constituição de 1988, ainda não mereceu disciplina pela legislação ordinária (arts. 21 e 22).

23. Constam, ainda, outras disposições a respeito do prazo para a impetração do mandado de segurança, da inviabilidade da interposição dos embargos infringentes e do descabimento da condenação ao pagamento dos honorários de sucumbência, sem prejuízo da aplicação de sanções no caso de litigância de má-fé (arts. 23 e 25).

24. O projeto equipara o não cumprimento pelas autoridades administrativas das decisões proferidas em mandado de segurança ao crime de desobediência previsto no art. 330 do Código Penal, sem prejuízo da aplicação das sanções administrativas cabíveis (art. 16).

25. Com essas medidas, além de complementar a legislaão ordinária em matérias nas quais é omissa, o projeto cuida de garantir maior eficiência ao instituto, conferindo poder coercitivo específico às decisões nele proferidas e organizando mais adequadamente os serviços judiciários de modo a permitir o julgamento rápido das ações mandamentais.

26. Estas, em síntese, Senhor Presidente, as normas que ora submetemos ao elevado descortino de Vossa Excelência, destinadas a atualizar e a aprimorar o sistema judiciário vigente, em relação a instituto que tem garantido adequadamente os direitos individuais e se tornou um dos instrumentos mais importantes do Estado de Direito e do sistema democrático

Respeitosamente,

GILMAR FERREIRA MENDES JOSÉ GREGORI

Advogado-Geral da União Ministro de Estado da Justiça

Embora venhamos, a partir do Capítulo V ("Ação de Mandado de Segurança"), a efetuar ampla análise da Lei n. 12.016/2009, é recomendável observar, desde logo, que as suas principais disposições são estas:

a) esclarece que tanto a pessoa física quanto a jurídica possuem legitimidade para impetrar mandado de segurança (art. 1.º, *caput*);

b) veda o uso do *mandamus* contra atos de gestão comercial praticados pelos administradores de empresas públicas, de sociedade de economia mista e de concessionárias de serviço púbico (art. 1.º, § 3.º);

c) fixa em trinta dias, contados da notificação judicial, o prazo para que o titular de direito líquido e certo impetre mandado de segurança, sob pena de permitir que terceiro ("em condições idênticas") o faça (art. 3.º);

d) permite a impetração do *writ*, também, por fac-símile ou outro meio eletrônico de autenticidade comprovada (art. 4.º);

e) a petição inicial deverá indicar, além da autoridade coatora, a pessoa jurídica que esta integra "à qual se acha vinculada ou da qual exerce atribuições" (art. 6.º);

f) coerente com a doutrina e com a jurisprudência, afirma ser decadencial o prazo para o exercício da ação de mandado de segurança (art. 6.º, § 6.º);

g) determina a cientificação do feito ao órgão de representação judicial da pessoa jurídica interessada, ao qual será remetida cópia da inicial, para que, pretendendo, ingresso no feito (art. 7.º, II);

h) faculta ao juiz exigir do impetrante caução, fiança ou depósito, com a finalidade de ressarcir a pessoa jurídica, cujo ato foi suspenso liminarmente (art. 7.º, III);

i) proíbe a concessão de liminar quanto se tratar de compensação de créditos tributários, entrega de mercadorias e bens provenientes do exterior (art. 7.º, § 2.º);

j) esclarece que os efeitos da liminar permanecerão até a prolação da sentença, salvo se revogada ou cassada (art. 7.º, § 3.º);

k) eleva de cinco para dez dias o prazo para o Ministério Público manifestar-se nos autos, e de cinco para trinta dias o prazo para o juiz proferir a sentença (art. 12 e parágrafo único);

l) estende à autoridade coatora o direito de recorrer (art. 14, § 2.º);

m) permite a suspensão, em uma só decisão, de liminares cujo objeto seja idêntico, e faculta ao presidente do tribunal estender os efeitos da suspensão a liminares supervenientes, mediante simples aditamento do pedido inicial (art. 15, § 5.º).

n) assegura a defesa oral na sessão de julgamento do tribunal (art. 16);

o) esclarece que no mandado de segurança coletivo a sentença fará coisa julgada limitadamente aos membros do grupo ou da categoria substituídos pelo impetrante (art. 22);

p) veda a interposição de embargos infringentes e a condenação ao pagamento de honorários de advogado (art. 25);

14. O Código de Processo Civil de 2015

O CPC de 2015, a exemplo do de 1973, não se ocupou do mandado de segurança, que, portanto, continua a ser regido pela Lei n. 12.016/2009.

A propósito, as referências que esta norma legal faz a determinadas disposições do CPC de 1973 devem ser entendidas como alusivas às disposições correlatas do CPC de 2015.

15. Os Projetos iniciais

15.1. Projeto n. 148 do Deputado Gudesteu Pires

Este Projeto foi apresentado à Câmara Federal em 11 de agosto de 1926.

Estabelece que todo direito pessoal, líquido e certo, fundado na Constituição ou em lei federal, será protegido contra quaisquer atos lesivos de autoridades administrativas da União, e dá outras providências.

Art. 1.º Todo direito pessoal, líquido e certo, fundado na Constituição ou em lei federal, e que não tenha como condição de exercício a liberdade de locomoção, será protegido contra quaisquer atos lesivos de autoridades administrativas da União, mediante o processo dos artigos seguintes.

Parágrafo único. O processo de que trata a presente lei será igualmente aplicável aos atos e decisões das autoridades administrativas dos Estados e dos Municípios, sempre que a respectiva ação tenha de ser proposta no Juízo federal por ser fundada em dispositivos da Constituição da República (art. 60, letra a).

Art. 2.º Quando se tratar de simples ameaça, a autoridade administrativa será citada, preliminarmente, para uma justificação, em que se prove a iminência do fato alegado, quando esta não constar do documento emanado da própria autoridade.

Art. 3.º Iminente, ou já consumado, o ato lesivo, a autoridade ofensora será citada, nos termos da legislação processual vigente, para comparecer, perante o juiz ou tribunal, no termo improrrogável de 48 horas, que será contado a partir da apresentação, em cartório, da certidão de citação.

Parágrafo único. Em caso de urgência pode a precatória citatória ser transmitida por telegrama, contendo, em resumo, o objeto e o fim da citação, reconhecida a assinatura do juiz, o que a repartição expedidora mencionará.

Art 4.º Exposto o fato na petição, provado com documento que faça prova plena absoluta, e citado o dispositivo da lei ou da Constituição Federal, em que se funda o direito do autor, o juiz ou tribunal mandará que o indicado ofensor responda e produza sua prova no prazo improrrogável de cinco dias, findo o qual sentenciará, sem mais alegações, dentro de cinco dias.

§ 1.º Quando a prova do direito ofendido, ou da violência iminente ou consumada depender de documento que tenha sido recusado pela autoridade ofensora, o requerente fará explicita declaração desse fato na petição inicial.

§ 2.º Verificada a hipótese do parágrafo anterior, o juiz ou tribunal fará inserir no mandado de citação a cláusula de imediata entrega do documento necessário sob pena de desobediência, além da multa de 500$ a 5:000$000.

Art. 5.º Desde que o juiz ou tribunal considere provada a ameaça de violência e a liquidez e certeza do direito fundado na Constituição, ou em lei federal, expedirá à autoridade ofensora um mandado de proteção, em favor do requerente, para que aquela autoridade se abstenha da prática do ato incriminado.

Art. 6.º Provada a consumação do ato lesivo, nos termos do art. 1.º, o juiz ou tribunal expedirá um mandado de restauração, em favor do requerente, e dirigido à autoridade ofensora, determinando-lhe que faça cessar imediatamente a violência, restituindo ao paciente o pleno gozo do direito ofensivo.

Art. 7.º Os mandados, de que tratam os dois artigos anteriores, devem ser escritos pelo escrivão e assinados pelo juiz ou presidente do Tribunal.

Art. 8.º Em todos os casos em que o juiz ou tribunal, que conceder um dos mandados de que trata a presente lei, verificar que houve, da parte do agente do Poder Executivo, excesso ou abuso de autoridade, deverá mandar dar vista dos autos ao Ministério Público, para que este ofereça a denúncia, quando lhe competir, ou represente a quem de direito, para se tornar efetiva a responsabilidade da autoridade, que assim abusou.

Art. 9.º É reconhecido e garantido o direito de justa indenização e, em todo o caso, das custas contadas em tresdobro, a favor de quem sofrer a violência, contra o responsável por semelhante abuso de poder.

Art. 10. Da sentença de primeira instância concedendo um dos mandados, de que trata a presente lei, cabe agravo de instrumento.

Parágrafo único. Se a sentença for denegatória do mandado requerido, o recurso será o de agravo de petição.

Art. 11. Os juízes e tribunais federais julgarão as causas, de que trata apresente lei, com recurso para o Supremo Tribunal Federal.

Parágrafo único. Compete ao Supremo Tribunal Federal julgar originária e privativamente as mesmas causas, quando a lesão do direito individual proceder diretamente do Presidente da República ou de algum dos Ministros de Estado.

Art. 12. A autoridade administrativa, de quem emanou a medida impugnada, poderá comparecer pessoalmente ou fazer-se representar pelo Ministério Público, na forma das leis de organização judiciária.

Parágrafo único. Em todos os casos, porém, será citado o Procurador da República.

Art. 13. A ação de que trata a presente lei prescreverá em seis meses, a contar da data da intimação ou publicação do ato que for objeto do litígio, e não havendo publicação ou notificação, da data em que os interessados tiverem ciência do referido ato.

Art. 14. A decisão final do Supremo Tribunal Federal, nos casos em que a ação se basear na Constituição Federal, será sempre pr ferida com a presença de dez, pelo menos, de seus membros desimpedidos.

Art. 15. A violação do julgado, por parte da autoridade administrativa, induz responsabilidade civil e criminal.

Art. 16. Revogam-se as disposições em contrário.

Sala das Sessões, 11 de agosto de 1926.

Gudesteu Pires

15.1.1. O Projeto Substitutivo da Comissão de Justiça da Câmara

Ao elaborar o importante Projeto n. 148, do ano próximo passado, o talentoso Deputado por Minas na última legislatura, Dr. Gudesteu Pires, teve como objetivo procurar para os direitos pessoais um sistema pronto e eficaz de garantia como o que já protege, na legislação em vigor, a posse das coisas corpóreas e a quase-posse dos direitos reais.

Entendemos que para os fins visados pelo ilustre autor do projeto, basta estender aos direitos pessoais os mesmos remédios de proteção que se têm mostrado suficientes à defesa dos direitos reais.

Assim pensando, a Comissão tem a honra de apresentar e de recomendar à aprovação da Câmara dos Srs. Deputados o seguinte substitutivo ao Projeto n. 148, do eminente ex-Deputado por Minas, Dr. Gudesteu Pires:

Art. 1.º Todo aquele que for ilegalmente privado do exercício de um direito pessoal, turbado no mesmo exercício, ou sob ameaça de o ser, por ato ou decisão de uma autoridade administrativa, poderá requerer à justiça um mandado de reintegração, de manutenção ou proibitório.

Art. 2.º O pedido inicial deverá conter a indicação das leis que conferem ou asseguram o direito do requerente e a exposição circunstanciada dos fatos de onde resulte que este direito está ameaçado, turbado ou que foi violado, com os documentos que ao mesmo re querente parecerem úteis, sendo-lhe facultado ainda indicar até três testemunhas.

Art. 3.º Sobre as alegações e documentos do autor será obrigatoriamente ouvida a autoridade de que emanou o ato ou decisão, assinando-lhe o juiz o prazo de cinco dias, improrrogáveis para que preste informações, que poderão ser também documentadas.

Art. 4.º Se, em vista das alegações e da resposta (sem admitir mais discussão), achar o juiz que é certo e incontestável o direito do requerente e que é manifesta a inconstitucionalidade ou a ilegalidade de ato ou decisão administrativos, ordenará a expedição do mandado proibitório, de manutenção ou de reintegração no exercício do direito ameaçado, tentado ou violado.

Art. 5.º No caso contrário, indeferirá o pedido, que não poderá mais ser renovado, sendo, entretanto, lícito ao requerente intentar a ação sumária especial do art. 13 da Lei n. 221, de 20 de novembro de 1894, ou a ordinária, como no caso couber.

Art. 6.º Concedido o mandado, a causa seguirá o rito sumário das ações possessórias.

Art. 7.º Do despacho que conceder o mandado caberá o recurso de agravo de instrumento para o Supremo Tribunal Federal, e, do despacho denegatório do mandado, caberá o recurso de agravo de petição.

Art. 8.º Se, afinal, a ação for julgada procedente, o juiz declarará ineficazes e carecedores de força jurídica o ato ou decisão administrativos e oficiará à autoridade de que estes emanaram, transmitindo-lhe imediatamente a sentença e arbitrando desde logo nela a indenização que se pagará ao ofendido pelo prejuízo já sofrido, bem como a que, em caso de desobediência da autoridade responsável, deverá ser paga até que a lesão do direito violado seja reparada definitivamente pela revogação, pela dita autoridade ou decisão ofensivas.

Art. 9.º Não terá lugar a concessão do mandado:

a) se na data do pedido já houver decorrido mais de 30 dias da publicação, notificação ou comunicação do ato ou decisão administrativos;

b) tratando-se de impostos ou multas fiscais, cuja cobrança se tenha de fazer judicialmente.

Art. 10. Quando a prova do direito, da ameaça, ou da violência depender de documento. que tenha sido recusado pela autoridade, poderá o juiz, em vista da declaração explicita do Interessado, requisitá-lo, sob pena de desobediência e multa de 500$ a 5:000$000.

Art. 11. É competente para esta ação o juiz da seção em que for estabelecida a autoridade cujo ato lhe deu causa.

Art. 12. A ação correrá com o procurador seccional respectivo, que será intimado da expedição do mandado, para interpor os recursos que couberem e acompanhar a causa até final decisão.

Art 13. O processo de que trata a presente lei será igualmente aplicável aos atos e decisões das autoridades administrativas dos Estados e Municípios, sempre que a respectiva ação tenha de ser proposta no Juízo Federal, por ser fundada diretamente em dispositivo da Constituição da República (art. 60, letra a da Constituição Federal).

Art. 14. As custas do processo serão contadas em tresdobro a favor de quem sofrer a violência, contra o responsável pelo ato de decisão de que ela emanou.

Art. 15. Além da responsabilidade criminal em que possa incorrer a autoridade de que tenha emanado o ato ou decisão ofensivos do direito individual deverá ressarcir à Fazenda da União, do Estado ou do Município o prejuízo que lhes tenha advindo do dito ato ou decisão.

Parárafo único. Essa ação regressiva da União terá a forma executiva e será acompanhada da certidão da sentença que houver condenado a Fazenda Nacional ao pagamento da indenização.

Art. 16. Em todos os casos em que um juiz ou tribunal que conceder um dos mandados, de que trata a presente lei, verificar que houve, da parte do agente do Poder Executivo, excesso ou abuso de autoridade, deverá mandar dar vista dos autos ao Ministério Público, para que ofereça a denúncia, quando lhe competir, ou represente a quem for de direito, para se tornar efetiva a responsabilidade do referido agente.

Art 17. Revogam-se as disposições em contrário.

Sala das Comissões, 9 de julho de 1927. — Afrânio de Mello Franco, Presidente e Relator — Anníbal B. Toledo — Sérgio Loreto, com restrições — Flores da Cunha — Horácio Magalhães — Raul Machado — Francisco Valadares — Luz Pinto".

16. O Anteprojeto de Othon Sidou

CAPÍTULO I

DOS SUJEITOS DA RELAÇÃO PROCESSUAL

Art. 1.º Conceder-se-á mandado de segurança para proteger direito líquido e certo não amparado por habeas corpus, seja qual for a autoridade responsável pela ilegalidade ou abuso de poder.

Parágrafo único. O mandado tanto protegerá o direito violado quanto a ameaça de sua violação.

Art. 2.º Consideram-se autoridades para efeito desta lei os dirigentes dos órgãos autárquicos, os representantes das empresas de administração pública indireta e as pessoas naturais ou jurídicas a que o poder público tenha atribuído funções mediante autorização ou concessão, mas somente no que entende com essas funções.

Art. 3.º As pessoas jurídicas só poderão pedir mandado de segurança quando o direito, ameaçado ou violado, lhes tocar diretamente.

Art. 4.º Quando a lesão de direito, atual ou iminente, incidir sobre várias pessoas indeterminadas, sem individualização do respectivo titular, qualquer delas poderá requerer o mandado de segurança.

Art. 5.º Será parte legítima para impetrar mandado de segurança quem tiver um direito amparável nos termos desta lei e que decorra de direito em condições idênticas de terceiro, se este, como sujeito passivo direto da lesão, não o requerer, apesar de para isso intimado judicialmente.

Art. 6.º O impetrante do mandado de segurança poderá desistir do pedido em qualquer fase do processo, antes da sentença, mesmo sem anuência da parte demandada. Ao homologar a desistência, o magistrado apenas condenará o impetrante ao pagamento das custas lançadas nos autos, sem qualquer parcela relativa a honorários.

Art. 7.º Cabe o mandado de segurança contra quem executar, mandar ou tentar executar o ato lesivo.

CAPÍTULO II

DA COMPETÊNCIA JURISDICIONAL

Art. 8.º Para conhecimento do pedido será competente o juiz ou tribunal que exerça a sua jurisdição sobre a autoridade que praticou o ato e em função de sua responsabilidade pelas consequências patrimoniais do mesmo. Cabe à Justiça federal conhecer dos pedidos contra atos praticados pelas autoridades da União e pelos administradores dos órgãos da administração indireta federal.

§ 1.º Quando o mandado for pedido contra pessoa que exercer função atribuída pelo Poder Público, a esfera administrativa da a toridade concedente determinará a competência do juízo.

§ 2.º Quando o ato lesivo de direito for confirmado por autoridade superior, ao conhecer do recurso administrativo contra o mesmo, o juiz ou tribunal a que estiver jurisdicionada dita autoridade será competente para conhecimento do mandado de segurança.

§ 3.º Os mandados de segurança impetrados contra despacho ou decisão judicial serão conhecidos pelo órgão ao qual competiria conhecer do recurso processual na ação em que se tenha produzido o agravo de direito.

§ 4.º Nos casos em que proceda contra os efeitos da lei auto- executória, o mandado será pedido contra a autoridade que houver sancionado, promulgado ou decretado a norma impugnada.

Art. 9.º Nos casos de competência originária dos tribunais, caberá ao relator tomar todas as providências atribuídas por esta lei ao juiz de primeiro grau.

CAPÍTULO III

DAS VEDAÇÕES

Art. 10. Não se dará mandado de segurança quando se tratar:

I - de ato de que caiba recurso administrativo com efeito suspensivo, independente de caução ou fiança, salvo se o recurso interposto não houver sido decidido no prazo de sessenta dias;

I I— de despacho ou decisão judicial de que caiba recurso com efeito suspensivo;

III — de ato disciplinar, salvo quando praticado por autoridade incompetente ou com omissão de formalidade essencial, ou ainda se aplicada sanção imotivada ou não prevista em lei;

IV — de atos consumados, cuja reparação só possa ser obtida através de procedimento comum.

Parágrafo único. Também não se dará mandado de segurança:

a) contra a lei em tese, a menos que, arguida a inconstitucionalidade, fique demonstrado que dos seus efeitos possa resultar dano de difícil ou incerta reparação;

b) contra coisa julgada.

Art. 11. Salvo quando reconhecer direito à retribuição por trabalho efetivamente prestado, o conhecimento do mandado de segurança não dará lugar a indenizações relativas a período anterior à propositura da ação.

CAPÍTULO IV

DA PETIÇÃO INICIAL

Art. 12. A petição inicial será apresentada em duas vias e nela deverá constar o teor dos dispositivos legais em que se baseia o pedido.

Parágrafo único. Os documentos necessários à prova só serão admitidos com a petição inicial e uma cópia autenticada dos mesmos acompanhará a segunda via.

Art. 13. A qualificação da autoridade coatora poderá limitar-se aos elementos especiais capazes de vinculá-la à função pública em cujo exercício incidiu na alegada violação de direito.

Art. 14. Se o requerente afirmar que documento necessário à prova de suas alegações se acha em poder de autoridade ou estabelecimento que se recuse a fornecê-lo por certidão, a autoridade julgadora ordenará preliminarmente, por ofício, a exibição desse documento em original ou em cópia autenticada, e marcará para cumprimento da ordem o prazo de dez dias. O serventuário respectivo extrairá cópias do documento para juntá-las à segunda via da petição inicial, no prazo de quarenta e oito horas.

Parágrafo único. Se a autoridade for a própria coatora, a ordem de exibição far-se-á no ofício de intimação, na forma do art. 16.

Art. 15. A petição inicial será desde logo indeferida:

I - quando não for caso de mandado de segurança;

II — quando o pedido versar matéria com idêntico fundamento e objeto de ação judicial pendente, tendo como autor e réu as mesmas partes da relação processual em causa;

III — quando lhe faltar algum dos requisitos desta lei.

Parágrafo único. Nos casos de incompetência jurisdicional, o magistrado determinará, no prazo de quarenta e oito horas, a remessa dos autos ao juiz ou tribunal que tiver como competente.

CAPÍTULO V

DO DESPACHO E DAS PROVIDÊNCIAS INICIAIS

Art. 16. Ao despachar a petição inicial que for objeto de consideração e causa, o magistrado mandará intimar o apontado coator mediante ofício entregue por serventuário autorizado, juntamente com a segunda via da petição inicial instruída com as cópias dos documentos, a fim de que preste informações no prazo de dez dias.

§ 1.º A intimação produzirá os efeitos de citação.

§ 2.º Se a autoridade apontada como coatora tiver domicílio fora da sede do juízo ou tribunal, o ofício será remetido pelo correio ou por outra via autorizada, com as cautelas tendentes a fazer prova de sua entrega.

Art. 17. Quando o fundamento do pedido for relevante e da arguida lesão de direito puder resultar dano irreparável ou de difícil e incerta reparação para o queixoso, o magistrado, no mesmo ofício de intimação ou em qualquer fase do processo, poderá ordenar ao coator, fixando prazo, que dê execução pronta ao ato ou dele se abstenha, guardando nesse caso em favor do impetrante o estado de coisa anterior à alegada violação de direito.

Parágrafo único. Na concessão da medida liminar, o magistrado terá em conta que não se defraudem direitos de terceiros nem se cause à parte demandada prejuízo de difícil reparação caso a sentença não venha a ser favorável ao impetrante.

Art. 18. Não se dará medida liminar nos mandados de segurança:

I - que visem a obter a liberação de mercadorias, bens ou coisas de qualquer espécie procedentes do estrangeiro;

II — que importem em reclassificação ou equiparação de servidores públicos, concessão de aumento ou extensão de vantagens.

Art. 19. As autoridades administrativas, no prazo de quarenta e oito horas da intimação da medida liminar, remeterão ao Ministério ou órgão a que se acham subordinadas, bem como a quem tiver a representação da União, do Estado, do Município ou da entidade apontada como coatora, cópia autêntica do mandado com indicações em defesa do ato apontado como ilegal ou abusivo de poder.

Art. 20. As informações a que se refere o art. 16, constando toda a matéria de defesa, poderão ser prestadas tanto pelo coator como pelo representante judicial, ou legal, da pessoa jurídica interessada.

Art. 21. Se o apontado coator, nas suas informações, afirmar que mandou repor as coisas no estado anterior à lesão de direito, ou determinou a prestação do fato reclamado, o magistrado dará vista ao impetrante, para manifestar-se no prazo de cinco dias, esgotados os quais sem oposição, ordenará o arquivamento dos autos.

Art. 22. A requerimento do impetrante, o magistrado poderá de terminar que a entrega do ofício de intimação seja feita, pelo oficial do juízo, ao substituto eventual do apontado coator, ou, se não o houver, ao encarregado de serviço, seção ou departamento subordinado diretamente ao mesmo, de sorte a assegurar a urgência da intimação e a execução de seus fins.

Art. 23. Quando a parte demandada não fizer revestir suas informações de caracteristicas de autenticidade, acerca de ato ou omissão tomada com base em publicação oficial ou em processo regular, e emitido por autoridade competente, poderá o impetrante oferecer memorial, se dotado daqueles requisitos, até a data do julgamento.

Art. 24. Feita a intimação, o oficial do juízo ou tribuna! juntará aos autos cópia autêntica do ofício endereçado ao coator, com a prova de entrega a este ou com a menção de recusa em recebê-lo ou dar recibo.

Art. 25. Findo o prazo a que se refere o art. 16 e ouvido o representante do Ministério Público dentro de cinco dias, os autos serão conclusos ao juiz, independentemente de solicitação da parte, para a sentença, a qual deverá ser proferida em cinco dias, tenham sido ou não prestadas informações pelo coator.

Parágrafo único. Esgotado o prazo deste artigo sem que a sentença tenha sido proferida, o impetrante poderá requerer ao tribunal ao qual competir conhecer do eventual recurso, que determine ao juiz a subida do processo a fim de ser julgado na forma do art. 39.

CAPÍTULO VI

DA SENTENÇA E DO MANDADO

Art. 26. Julgando procedente o pedido, o juiz ou o tribunal, este por seu presidente, determinará a expedição, dentro de vinte e quatro horas, do mandado de segurança, o qual produzirá de imediato os seus efeitos jurídicos.

Parágrafo único. Tratando-se de juízo singular, o mandado conterá o inteiro teor da sentença; em caso de juízo colegiado, conterá o apurado com precisão nos votos vencedores, independente da imediata lavratura do acórdão.

Ad. 27. O mandado será expedido a quem couber cumprir a ordem emitida, em forma de ofício e por mão de oficial do juízo ou de quem suas vezes fizer, ou por outra via autorizada, com recibo de volta.

Art. 28. Sob pena de responsabilidade, o coator tem o prazo de quarenta e oito horas para, cumprindo o mandado de segurança, informar ao juiz ou presidente do tribunal sobre as providências tomadas nesse sentido.

Art. 29. Se o magistrado entender que o coator está incurso em responsabilidade por desobediência, representará ao Ministério Público.

Art. 30. Julgando improcedente o pedido, o juiz determinará na própria sentença as providências sobre a cessação dos efeitos da medida liminar que houver concedido.

Parágrafo único. A apelação contra a sentença concedente do mandado de segurança mesmo recebida com efeito suspensivo, não interfere com a medida liminarmente concedida, a qual subsistirá até o julgamento definitivo do recurso.

Art. 31. A decisão do mandado de segurança não impedirá que o requerente, por ação própria, pleiteie os seus direitos e os respectivos efeitos patrimoniais.

Art. 32. 0 pedido de mandado de segurança poderá ser renovado se a decisão denegatória não lhe houver apreciado o mérito.

Art. 33. A sentença que conceder mandado de segurança fica sujeita ao duplo grau de jurisdição, podendo entretanto ser executada provisoriamente.

Parágrafo único. A reforma da decisão concessiva da segurança não invalidará os efeitos já produzidos por essa, no que se relaciona com remuneração ou vantagens pecuniárias de ordem empregatícia.

CAPÍTULO VII

DA SUSPENSÃO DE EFICÁCIA DO MANDADO

Art. 34. A requerimento da parte interessada e para evitar grave lesão à ordem, à saúde, à segurança e à economia públicas, o presidente do tribunal ao qual couber o conhecimento do respectivo recurso, poderá suspender, em despacho fundamentado, os efeitos da medida liminar e do mandado concedido por sentença. Do despacho caberá agravo sem efeito suspensivo, no prazo de dez dias contados da data da publicação.

CAPÍTULO VIII

DA CADUCIDADE

Art. 36[(13)]. O direito de requerer mandado de segurança caducará decorridos cento e vinte dias a contar do notório conhecimento, pelo interessado, do ato impugnado, ressalvadas as exceções constantes deste artigo.

§ 1.º Quando couber recurso administrativo com efeito suspensivo, independente de caução ou fiança, o prazo começará a contar-se do dia em que o interessado tiver ciência da decisão desse recurso.

§ 2.º O prazo para requerer mandado de segurança contra ato judicial caducará em quinze dias, a contar da ciência, pela parte, do despacho ou da decisão impugnada.

§ 3.º Se a coação resultar de ato de execução sucessiva, o prazo começará a correr da data de cada obrigação.

§ 4.º No caso em que se admite o mandado de segurança contra lei auto-executória, o prazo de cento e vinte dias para a propositura da respectiva ação iniciar-se-á da data da publicação da norma impugnada.

---

(13) A falha quanto à sequência da numeração dos artigos (omitiu-se o 35) consta do texto do próprio autor do anteprojeto.

Art. 37. O pedido de reconsideração do ato ilegal ou abusivo de direito não interromperá o prazo de caducidade para o exercício da ação do mandado de segurança.

CAPÍTULO IX
DISPOSIÇÕES GERAIS

Art. 38. Aplicam-se ao mandado de segurança, no que se harmonizarem com a presente lei, os dispositivos do Código de Processo Civil, sobre o processo de conhecimento, inclusive o regime dos recursos.

Art. 39. Os processos de mandado de segurança terão prioridade sobre todos os atos Judiciais, salvo habeas corpus. No grau superior assim como nos casos de competência originária dos tribunais deverão ser levados a julgamento na primeira sessão que se seguir à data em que, feita a distribuição, forem conclusos ao relator.

Art. 40. Em caso de urgência, o pedido de mandado de segurança, as intimações e quaisquer outras ordens do juiz ou tribunal poderão transmitir-se por qualquer via autorizada mais rápida. Os originais serão apresentados à agência expedidora devidamente autenticados.

§ 1.º No caso deste artigo, o escrivão ou secretário do tribunal extrairá cópias para serem juntadas aos autos.

§ 2.º Quando a ordem judicial for transmitida ao coator por outra via que não o oficial de justiça, o serventuário do juízo confirmará a comunicação.

Art. 41. Os prazos constantes da presente lei são improrrogáveis e pelo não-cumprimento os magistrados, representantes do Ministério Público, servidores da Justiça e funcionários da Administração Pública tornar-se-ão passíveis das sanções cominadas no Código de Processo Civil e na Lei n. 1.711, de 28 de outubro de 1952 (Estatuto dos Funcionários Públicos Civis da União).

Art. 42. Esta lei entrará em vigor na data de sua publicação, revogadas as Leis ns. 1.533, de 31 de dezembro de 1951; 4.348, de 26 de junho de 1964; 5.021, de 9 de julho de 1966, e mais disposições em contrário.

CAPÍTULO III

OS SISTEMAS NORTE-AMERICANO E MEXICANO

1. Sistema norte-americano

Não foi a lei, mas a jurisprudência, que traçou os princípios cardeais do direito administrativo norte-americano; por outro lado, naquele país a Administração se encontra submetida ao mesmo direito e aos mesmos órgãos jurisdicionais que o indivíduo em geral, opostamente, portanto, ao sistema francês, onde, como vimos, há um direito e uma jurisdição específicos para a Administração Pública.

Nos Estados Unidos, é importante a separação entre a decisão administrativa possuir força executiva, ou não a possuir. No primeiro caso, a decisão deve ser imediatamente acatada por quantos o seu comando alcance, salvo se intentarem uma ação afirmativa para anular aquela decisão. Essa tentativa é realizada por meio de um recurso apresentado aos tribunais competentes. No segundo, como a decisão administrativa não é dotada de força executiva, a elas somente se submetem os indivíduos se a Administração Pública obtém a sua execução perante os tribunais, mediante pedido especial.

Pelo sistema norte-americano, como se percebe, sempre que a decisão administrativa possuir força executiva a ela devem submeter-se todos os indivíduos, a menos que consigam anular, por via de recurso apresentado aos tribunais, a aludida decisão.

Em princípio, sempre que o ato administrativo causar lesão a direito do indivíduo, este poderá ajuizar ação de perdas e danos diante do próprio funcionário que tenha praticado o ato, ao qual caberá responder, se for o caso, com seu patrimônio pessoal pelos danos acarretados ao autor da ação. Há situações, todavia, em que dita ação se toma inadequada, seja porque o patrimônio do funcionário não suportará os efeitos da condenação, seja porque a natureza do dano causado não enseja o uso dessa ação. Em razão disso, o direito daquele país prevê determinados remédios extraordinários, de caráter jurisdicional, destinados a complementar o sistema de proteção dos indivíduos contra os atos ilegais da Administração.

A despeito de a legislação norte-americana não haver cogitado do que se poderia chamar de instituto do desvio de poder, como há na França, a jurisprudência já admitiu, em alguns casos, a possibilidade de anulação do ato administrativo praticado mediante desvio de poder.

No conjunto dos remédios extraordinários que o sistema em estudo reserva para completar o aparato de meios protectivos do indivíduo, de que falamos há pouco, os *writs* são os mais característicos. Dentre esses *writs* (cujo vocábulo significa, na terminologia jurídica, documentos pelos quais o juiz determina a realização de um ato ou a sua abstenção), sobressaem o *injunction*, o *mandamus*, o *prohibition*, o *quo warranto* e o *certiorari*.

Analisemos, a seguir, ainda que a voo de pássaro, esses *writs*, ressaltando, antes, o fato de que os tribunais norte-americanos possuírem ampla discricionariedade no que respeita ao acolhimento ou à rejeição dos pedidos de concessão desses remédios, que, aliás, apenas poderão ser deferidos se inexistir meio legal adequado para alcançar os objetivos do *writ*.

Mandamus. É um *writ* usado para obrigar o funcionário a realizar ato de seu ofício, quando a este faltar o poder discricionário. Havendo esse poder, o servidor poderá ser compelido a praticar o ato, embora possa fazê-lo de maneira discricionária.

A ordem pode ser emitida logo no início da causa, ou após oitiva do funcionário. No primeiro caso, diz-se que é alternativo; no segundo, peremptório. Assinala Swenson que esse *writ* tem caráter nitidamente pessoal, equivale a dizer, é dirigido ao servidor, não ao cargo por ele ocupado, bastando ver que se ele deixar o cargo, nova ordem deverá ser dada ao seu sucessor, conquanto existam algumas exceções a essa regra.(14)

É interessante destacar que o *mandamus* não pode ter como destinatário o Presidente da República, pois a competência ou as atribuições deste decorrem da Constituição, motivo por que a sua responsabilidade só existe ante a Nação; na maioria das situações, também não se permite que esse tipo de *writ* seja expedido contra Secretários de Estado.(15)

Injunction. Essa ordem tem origem na *equity* e o seu escopo é impedir a prática de ato capaz de provocar danos irreparáveis a direito do interessado. Se dada sem audiência da parte adversa, é denominada de *ex parte restraining orders*; se com audiência do adversário (mas com efeitos somente até o término da demanda), *temporary* ou *interlocutory*; se depois de proferida a sentença, *permanent*.

---

(14) *Federal Administrative Law*. Nova York: 1952, p. 215.

(15) RABASA, Oscar. *El Derecho angloamericano*. México: 1944, p. 543.

Será, ainda, *mandatory*, quando tiver conteúdo positiva, *prohibitory*, quando negativo, podendo ser utilizada pelo particular contra a Administração pública; por esta contra aquela ou mesmo entre particulares.

Prohibition. Somente em casos excepcionais esse *writ* é utilizado para o controle dos atos administrativos. Costumeiramente, serve como instrumento destinado ao controle das Cortes inferiores, impedindo-as, *v.g.*, de julgar sem jurisdição.(16)

Quo warranto. Embora essa ordem possa ser empregada contra atos da Administração, ela não se presta para assegurar direitos privados, sendo, em regra, solicitada em nome do povo, para protegê-lo da usurpação ilegal de cargos ou de privilégios. Por esse motivo, a iniciativa para postulá-la é, quase sempre, do procurador ou do órgão do Ministério Público, com a finalidade não de transferir a alguém o direito à nomeação, e sim de declarar a legalidade, ou não, do título do ocupante do cargo.(17)

Certiorary. Trata-se de um *writ* ao qual se atribui a função de provocar a revisão de atos administrativos de natureza próxima à judicial. Não se dirige à reforma das decisões emitidas pelas autoridades inferiores, mas a anulá-las. A sua utilização, atualmente, se dá com maior intensidade no plano da justiça estadual, porquanto a Suprema Corte, em pronunciamento feito na primeira década deste século, restringiu o seu uso na esfera da Justiça Federal. Em termos práticos, a ordem em questão visa a fazer com que o tribunal superior determine ao inferior que lhe encaminhe, para revisão, algum caso, que esteja pendendo de julgamento ou já tenha sido julgado, para verificar se houve, ou não, lesão de direito.

Sob o aspecto do procedimento, dispõe o Regimento Interno da Suprema Corte que esses *writs* devem obter licença para serem postulados. Exige-se que a solicitação de licença e o pedido de emissão da ordem sejam comunicados ao juiz que tenha praticado o ato impugnado. A parte contrária deverá ser intimada desse podido (art. 31, 1 e 3).

Do ponto de vista histórico, é importante assinalar que o *writ of mandamus* e o *injunction* constituem criação do direito inglês.

O *injunction* era utilizado pelo chanceler do Rei para corrigir os efeitos das regras da *common law*, sendo esse *writ*, inicialmente, considerado como uma espécie de guardião da consciência do Rei, em decorrência do modo extremado com que era empregado. Lembre-se, p. ex., que o chanceler podia impedir a parte interessada de promover a execução de uma decisão que lhe fora favorável,

---

(16) Swenson, Idem, p. 216.
(17) RABASA, Oscar. idem, p. 649.

sob o argumento de que ele, chanceler, discordava da decisão.[18] Os precedentes da *injuction* parecem ter sido o *writ of prohibition* e o *writ of estrepement*, ambos figurando como ações do *common law*.

O *writ of mandamus* vem desde a época de Eduardo III, em que o Rei, fonte da justiça e do poder, dominando o King's Bench, concedia a ordem a seu talante. Nos primeiros tempos, esse *writ* era passado sob a forma de uma carta dirigida à autoridade à qual o Rei impunha a prática do ato; posteriormente, o *mandamus* toma-se um *writ* comum, expedido pelo King's Bench.

2. Sistema mexicano

No Capítulo anterior (II), pudemos demonstrar que, já nos primeiros tempos de nossa vida republicana, alguns estudiosos se preocupavam em argumentar sobre a necessidade de o ordenamento jurídico brasileiro ser dotado de um instrumento capaz de proteger, com eficácia e presteza, os direitos individuais ameaçados de lesão, ou mesmo lesados, por ato de autoridade. A fonte dessa inspiração era, sem dúvida, o *juicio de amparo* mexicano, ao qual o Ministro Muniz Barreto fez expressa referência, por ocasião do Congresso Jurídico realizado pelo Instituto dos Advogados Brasileiros, em 1922.

Ainda que o mandado de segurança concebido pelo gênio brasileiro não tenha, na realidade, reproduzido a estrutura, nem consagrado a finalidade próprias do amparo mexicano, é de grande relevância histórica um estudo, mesmo que breve, desse instituto estrangeiro.

Entende Trueba Urbina que o *juicio de amparo* teria aparecido na Constituição mexicana de 1824, na parte em que atribuía à Corte Suprema competência para apreciar ofensa a normas legais; essa mesma Constituição dispunha sobre a tutela dos direitos individuais.[19]Argumenta Rabasa, no entanto, que a referida Constituição não declarou a preeminência de suas disposições sobre as demais leis, nem possuía um capítulo que enumerasse as garantias individuais, certamente porque os constituintes mexicanos do período ainda não conheciam a instituição que havia surgido no sistema norte-americano (juízo constitucional).[20]

Outros estudiosos sustentam que o tema foi objeto da Constituição de 1836, ao instituir um órgão de cunho político denominado de Supremo Poder Conservador, cuja função era a de declarar a nulidade dos atos contrastantes com a Constituição, praticados por um dos três poderes. Noticia, porém, Ramirez

(18) Tunc et Tunc. *Le système constitutionel des États-Unis d'Amérique*, Vol. 2, n. 259, p. 304.

(19) RABASA, Oscar. *Nueva legislación de amparo,* 4. ed., p. 10.

(20) *El derecho angloamericano*, p. 633.

que esse Poder Moderador, durante cinco anos, interveio somente em quatro casos e, mesmo assim, em nenhum deles com o escopo de promover a defesa do texto constitucional.[21]

Predomina, todavia, o entendimento de que as origens do *juicio de amparo* estão no projeto de Constituição elaborado para o Estado de Yucatan, em 1840, por D. Manuel Crescêncio Rejón. Sob forte influência do sistema norte-americano, esse projeto estabeleceu um conjunto de garantias constitucionais e atribuiu ao Poder Judiciário a competência para fazê-las respeitar. Estava assim redigido o seu ad. 53: *Corresponde a este tribunal reunido (Corte Suprema de Justicia del Estado): 1 Amparar en el goce de sus derechos a los que le pidan su protección contra las leyes y decretos de la Legislatura que sean contrarios a la Constitución; o contra las providencias del Gobierno e Ejecutivo reunido, cuando en ellas se hubiesen infringido el Código Fundamental o las leyes, limitándose en ambos casos a reparar el agravio en la parte en que éstas o la Constitución hubiesen sido violadas*, complementando o art. 63: *Los juices de primera instancia* ampararán *en el goce de los derechos garantizados (los individuales que antes enumera) a los que les pidan su protección contra cualesquiera funcionarios que no correspondan al orden judicial, decidiendo breve y sumariamente las cuestiones que se susciten sobre los asuntos indicados* (destacamos).

Discutido no Congresso Constituinte de 1842, reunido para promulgar a nova Carta Suprema, e tratado em quase todos os programas dos Deputados do Distrito Federal, de novembro de 1846, o *juicio de amparo* acaba por aflorar na *Acta de Reformas* de 1847:

> *Los frecuentes ataques de los poderes de los Estados y Federación a los particulares, hacen urgente que, al restablecerse la Federación, se dé a aquéllos una garantía personal; esta garantía sólo puede encontrarse en el Poder Judicial, protector nato de los derechos de los particulares y por esta razón el solo conveniente [...] en Norteamérica este poder salvador provino de la Constitución y ha producido los mejores afectos. Allí el juez tiene que sujetar sus fallos, antes que todo a la Constitución y de aquí resulta que cuando la encuentra en pugna con la ley secundaria, aplica aquélla y no esta, de modo que sin hacerse superior a la ley ni ponerse en oposición contra el Poder Legislativo, ni derogar sus disposiciones, en cada caso en que ella debía herir, la hece impotente. Una institución semejante es del todo necesaria entre nosotros [...] también se necesita extender un poco más la acción del Poder Judicial de la Unión, muy imperfectamente organizada en la Constitución Federal y sobre todo, elevar la condición y asegurar la independencia de un tribunal llamado a representar en el campo político un papel tan importante como el del Supremo Poder Judicial.*

---

(21) RAMIREZ, Felipe *Tena. Derecho constitucional mexicano*. p. 441.

Constava, ainda, do art. 25:

> *Los tribunales de la Federación ampararán a cualquer habitante de la República en el ejercicio y conservación de los derechos que les conceden esta Constitución y las leyes constitucionales, contra todo ataque de los Poderes Legislativo y Ejecutivo, ya sea de la Federación, ya del Estado, limitándose dichos tribunales a impartir su protección en el caso particular sobre el que verse el proceso, sin hacer ninguna declaración general respecto de la ley o del acto que lo motivase.*

Registra Trueba Urbina que essas ideias foram concebidas por D. Mariano Otero, que, em razão disso, passou a ser considerado o criador do *juicio de amparo* (39). Nota-se, com efeito, que estão presentes no pensamento de Otero as três ideias essenciais que delineiam o instituto: a) a apreciação do ato lesivo deve ser feita por juízo especial e não mediante recurso; b) somente os tribunais federais devem ter competência para conhecer a queixa; c) não se admite a possibilidade de haver pronunciamento genérico sobre a lei ou os atos que a tenham violado.

A fórmula concebida por Otero foi consagrada pela Constituição de 1857; a contar daí, o instituto passou a ser permanentemente aprimorado, chegando a ter o seu alcance estendido para os casos de ofensa perpetrada por autoridades judiciárias, e não apenas pelos Poderes Executivo e Legislativo.

Se considerarmos as três ideias fundamentais, antes referidas, veremos que o *juicio de amparo* não traduz um instrumento de defesa direta do texto constitucional, e sim de defesa do indivíduo diante do Estado; apenas de modo secundário e indireto haverá ai resguardo da Constituição.

Uma das características do *amparo* está no fato de provocar a suspensão do ato impugnado, impedindo, com isso, que a violação modifique o estado anterior. O efeito prático dessa medida é o de restabelecer, de imediato, o gozo do direito lesado, e também de evitar que se consumem certos prejuízos que exigiriam reparação em dinheiro.(22)

Pode o amparo ser utilizado, também, contra a lei. Legitimado para isso será o particular que tenha sido prejudicado, em seus direitos, pela norma legal. Após uma hesitação inicial, o direito mexicano admitiu a possibilidade de essa ação ser exercida contra lei em tese, ou seja, contra norma legal que não tenha sido ainda executada. O requisito essencial, para o ajuizamento da ação, é o dano que a lei possa acarretar ao indivíduo; esse dano não deve ser hipotético, mas real, assim entendido todo aquele cuja ocorrência possa ser razoavelmente constatável.

---

(22) DE PINA, Larrañaga e De Pina. *Instituciones de derecho procesal civil.* p. 518

O juiz, no julgamento do amparo, deve ater-se a declarar o direito alegado pelo particular, seja este pessoa física ou jurídica, no caso concreto, não lhe sendo permitido formular um pronunciamento genérico a respeito da lei ou do ato atacado. A sentença pode ser de conteúdo positivo ou negativo. Na primeira hipótese, concede-se o amparo com a finalidade de devolver à parte a plenitude da fruição do direito violado, restituindo-se, assim, a situação ao *status quo ante;* na segunda, o escopo desse remédio será compelir a autoridade responsável a respeitar a garantia e a atender ao que ela impõe.

A sentença lançada nos autos da ação de amparo submete-se ao fenômeno jurídico da coisa julgada material, cujo limite subjetivo será intraprocesso.

CAPÍTULO IV

INSTITUTOS AFINS

Para melhor compreensão do campo de incidência da ação de mandado de segurança, será de toda conveniência estudarmos alguns institutos jurídicos com os quais esta mantenha alguma afinidade.

1. Mandado de injunção

Conforme havíamos narrado em escrito anterior, dentre os direitos materiais que a Constituição Federal de 1967 — com a Emenda n. 1/69 — dizia assegurar aos trabalhadores, alguns, como a participação nos lucros e na gestão e a estabilidade no emprego (art 165, V e XIII), não puderam ser imediatamente exigidos quando entrou a viger aquele Texto, por não serem autoaplicáveis (*seff executing*) os dispositivos que os previam.

Em face disso, a classe trabalhadora brasileira, embalada por melífluas esperanças, pôs-se a aguardar que, em dado momento, o legislador ordinário editasse as normas regulamentadoras necessárias à plena fruição de tais direitos. Iludiu-se, contudo, pois esse período de resignada espera consumiu, sem sucesso, mais de vinte anos; só então é que os trabalhadores puderam compreender — agora amargamente — que certas discussões doutrinais, tendo como núcleo o conceito de normas de eficácia limitada, de eficácia contida e de normas programáticas, quando colocadas a serviço de interesses e conveniências esquivas de grupos influentes, podem fazer com que os direitos e as garantias constitucionais sejam reduzidos, no plano da realidade prática, à mera retórica constitucional, derivante dessa habilidosa forma de protelar a suplementação normativa imprescindível à efetivação da vontade constitucional.(23)

Atentos à advertência de que desprezar as lições da História implica ser virtualmente condenado a vê-la repetida em proporções mais graves, os constituintes brasileiros de 1988, inspirados no direito alienígena, cuidaram de inscrever na Carta promulgada a 5 de outubro do ano citado uma nova e salutar

(23) "Mandado de injunção e direitos sociais", in *Relações Coletivas de Trabalho* — Estudos em homenagem ao Min. Arnaldo Süssekind —, São Paulo: LTr, 1989, págs.186/201.

manifestação do direito público subjetivo de invocar-se a prestação da tutela jurisdicional do Estado: o mandado de injunção (*sic*).[24]

Como é compreensível, essa peculiar modalidade de ação "constitucionalizada", por não pertencer à nossa tradição normativa — seja constitucional ou ordinária — fez surgir, desde logo, uma série de dúvidas e de perplexidades acerca de sua natureza, origem, finalidade e o mais, que tomaram de assalto o espírito de quantos procuraram debruçar-se sobre a novidade.

a) Autoaplicabilidade do art. 5.º, LXXI , da CF

A primeira indagação, que se formulou foi no sentido de saber se o inciso LXXI do art. 52 da Constituição Federal, que se ocupa do "mandado" de injunção, seria provido de autoexecutoriedade.

Em livro anterior, escrevemos:

> *Se fôssemos deixar-nos impressionar por uma leitura inicial da regra mencionada, a conclusão inevitável, que daí haveríamos de tirar, seria de que se trata de norma de eficácia contida (destituída, pois, de aplicação imediata), na medida em que a sua expressão literal não indica, dentre outras coisas, o momento a partir do qual se pode pedir o "mandado" de injunção; quem se encontra legitimado (ordinária e extraordinariamente) para isso; qual o objeto dessa ação; qual a sua finalidade; que efeitos o pronunciamento jurisdicional acarreta; qual o procedimento a ser observado etc.*
>
> *Uma tal inferência, entretanto, seria juridicamente aceitável se não fosse irônica — para não dizermos trágica e perversa.*
>
> *Efetivamente, tendo em vista o fato essencial de que a ação em pauta foi ideada, fundamentalmente, para tornar possível o exercício dos direitos e garantias constitucionais assegurados aos indivíduos e às coletividades sempre que o legislador ordinário omitir-se na elaboração da norma regulamentadora, seria, quando menos, render culto à ironia imaginar que a regra constitucional instituidora da ação injuntiva, para ter eficácia, dependesse, também, de regulamentação legislativa (ordinária ou complementar)! Irrisão! — haveria de exclamar, indignado, o jovem Hamlet, em meio às brumas do castelo de Elsinor, no reino da Dinamarca.*
>
> *Nossa opinião, porém, não é filha apenas desse argumento; outros há, que a robustecem. O primeiro vem da cronologia dos próprios trabalhos legislativos*

---

(24) Tentaremos demonstrar, mais adiante, que a ação em exame, ao contrário do que vem sustentando a maioria dos comentaristas do instituto, não conduz à emissão de nenhum mandado judicial. Daí, o cuidado que teremos em trazer sempre aspado o vocábulo "mandado", em sede de ação injuntiva.

e nos mostra que no Título II, Capítulo I, do Projeto de Constituição elaborado pela Comissão de Sistematização, estava inserido o art. 51, cujo § 6.º estatuía:

"Conceder-se-á mandado de injunção, na forma da lei, sempre que a falta de norma regulamentadora torne inviável o exercício das liberdades constitucionais e das prerrogativas inerentes à nacionalidade, à soberania do povo e à cidadania" (sublinha mos).

Vê-se, portanto, que o atual inciso LXXI do art. 5.º, da Suprema Carta reproduziu, em linhas gerais, a dicção do precitado Projeto, havendo, contudo, suprimido o aposto representado pela locução 'na forma da lei'. Ora, se é certo, como proclama o arraigado princípio, que os textos legais não contêm termos inúteis, não menos verdadeiro é que as supressões ou modificações de parte dos enunciados normativos (ainda que na fase de projeto) não constituem obra do acaso. Isto significa dizer que, ao eliminar a referência feita, no Projeto, à lei (ordinária ou complementar) regulamentadora, o constituinte teve a inequívoca intenção (mens) de fazer com que o inciso LXXI do art. 5.º da Constituição em vigor se revestisse de autoexecutoriedade, a despeito das eventuais dificuldades de ordem prática que daí pudessem advir.

Por outro lado, se 'as normas definidoras dos direitos e garantias fundamentais têm aplicação imediata', como declara o § 1.º do art. 5.º, da Constituição, não nos parece sensato recusar-se autoaplicabilidade ao inciso LXXI do mesmo artigo, que se destina a tomar viável o exercício dos direitos sociais inscritos no Título I, pertinente aos direitos e garantias ***fundamentais****, de que fala o sobredito § 1.º dessa norma.*

Não nos esqueçamos das lições da História [...]

Em resumo, nada obstante entendamos ser de eficácia plena e de aplicação imediata o inc. LXXI, do art. 5.º, da Constituição, ***não implica renúncia a esse parecer o nosso reconhecimento de ser aconselhável a sua regulação legislativa, como medida tendente a uniformizar a disciplina e o manejo da ação injuntiva, inibindo, com isso, o estabelecimento de disputas doutrinais sobre o assunto;*** *enquanto não sobreviver essa regulamentação, caberá à jurisprudência a tarefa de preencher esse vazio, fornecendo, quem sabe, ao legislador ordinário elementos prudentemente depurados pela prática, a fim de que a norma legal venha a ser elaborada sem risco de contraste com a realidade em que deverá incidir.*

(O Mandado de Segurança na Justiça do Trabalho. São Paulo: Editora LTr, 4.ª edição, 2017, pág. 70).

Pois bem. Decorridos, alguns anos, surge a norma ordinária regulamentadora. Trata-se da Lei n. 13.300, de 23 de junho de 2016, que transcreveremos a seguir:

LEI N. 13.300, DE23 DE JUNHO DE 2016.

Disciplina o processo e o julgamento dos mandados de injunção individual e coletivo e dá outras providências.

O VICE - PRESIDENTE DA REPÚBLICA, no exercício do cargo de PRESIDENTE DA REPÚBLICA Faço saber que o Congresso Nacional decreta e eu sanciono a seguinte Lei:

Art. 1º Esta Lei disciplina o processo e o julgamento dos mandados de injunção individual e coletivo, nos termos do inciso LXXI do art. 5º da Constituição Federal.

Art. 2º Conceder-se-á mandado de injunção sempre que a falta total ou parcial de norma regulamentadora torne inviável o exercício dos direitos e liberdades constitucionais e das prerrogativas inerentes à nacionalidade, à soberania e à cidadania.

Parágrafo único. Considera-se parcial a regulamentação quando forem insuficientes as normas editadas pelo órgão legislador competente.

Art. 3º São legitimados para o mandado de injunção, como impetrantes, as pessoas naturais ou jurídicas que se afirmam titulares dos direitos, das liberdades ou das prerrogativas referidos no art. 2º e, como impetrado, o Poder, o órgão ou a autoridade com atribuição para editar a norma regulamentadora.

Art. 4º A petição inicial deverá preencher os requisitos estabelecidos pela lei processual e indicará, além do órgão impetrado, a pessoa jurídica que ele integra ou aquela a que está vinculado.

§ 1º *Quando não for transmitida por meio eletrônico, a petição inicial e os documentos que a instruem serão acompanhados de tantas vias quantos forem os impetrados.*

§ 2º *Quando o documento necessário à prova do alegado encontrar-se em repartição ou estabelecimento público, em poder de autoridade ou de terceiro, havendo recusa em fornecê-lo por certidão, no original, ou em cópia autêntica, será ordenada, a pedido do impetrante, a exibição do documento no prazo de 10 (dez) dias, devendo, nesse caso, ser juntada cópia à segunda via da petição.*

§ 3º *Se a recusa em fornecer o documento for do impetrado, a ordem será feita no próprio instrumento da notificação.*

Art. 5º Recebida a petição inicial, será ordenada:

I - a notificação do impetrado sobre o conteúdo da petição inicial, devendo-lhe ser enviada a segunda via apresentada com as cópias dos documentos, a fim de que, no prazo de 10 (dez) dias, preste informações;

II - a ciência do ajuizamento da ação ao órgão de representação judicial da pessoa jurídica interessada, devendo-lhe ser enviada cópia da petição inicial, para que, querendo, ingresse no feito.

Art. 6º A petição inicial será desde logo indeferida quando a impetração for manifestamente incabível ou manifestamente improcedente.

Parágrafo único. Da decisão de relator que indeferir a petição inicial, caberá agravo, em 5 (cinco) dias, para o órgão colegiado competente para o julgamento da impetração.

Art. 7º Findo o prazo para apresentação das informações, será ouvido o Ministério Público, que opinará em 10 (dez) dias, após o que, com ou sem parecer, os autos serão conclusos para decisão.

Art. 8º Reconhecido o estado de mora legislativa, será deferida a injunção para:

I - determinar prazo razoável para que o impetrado promova a edição da norma regulamentadora;

II - estabelecer as condições em que se dará o exercício dos direitos, das liberdades ou das prerrogativas reclamados ou, se for o caso, as condições em que poderá o interessado promover ação própria visando a exercê-los, caso não seja suprida a mora legislativa no prazo determinado.

Parágrafo único. Será dispensada a determinação a que se refere o inciso I do ***caput*** *quando comprovado que o impetrado deixou de atender, em mandado de injunção anterior, ao prazo estabelecido para a edição da norma.*

Art. 9º A decisão terá eficácia subjetiva limitada às partes e produzirá efeitos até o advento da norma regulamentadora.

§ 1º Poderá ser conferida eficácia ultra partes ou erga omnes à decisão, quando isso for inerente ou indispensável ao exercício do direito, da liberdade ou da prerrogativa objeto da impetração.

§ 2º Transitada em julgado a decisão, seus efeitos poderão ser estendidos aos casos análogos por decisão monocrática do relator.

§ 3º O indeferimento do pedido por insuficiência de prova não impede a renovação da impetração fundada em outros elementos probatórios.

Art. 10. Sem prejuízo dos efeitos já produzidos, a decisão poderá ser revista, a pedido de qualquer interessado, quando sobrevierem relevantes modificações das circunstâncias de fato ou de direito.

Parágrafo único. A ação de revisão observará, no que couber, o procedimento estabelecido nesta Lei.

Art. 11. A norma regulamentadora superveniente produzirá efeitos ***ex nunc*** *em relação aos beneficiados por decisão transitada em julgado, salvo se a aplicação da norma editada lhes for mais favorável.*

Parágrafo único. Estará prejudicada a impetração se a norma regulamentadora for editada antes da decisão, caso em que o processo será extinto sem resolução de mérito.

Art. 12. O mandado de injunção coletivo pode ser promovido:

I - pelo Ministério Público, quando a tutela requerida for especialmente relevante para a defesa da ordem jurídica, do regime democrático ou dos interesses sociais ou individuais indisponíveis;

II - por partido político com representação no Congresso Nacional, para assegurar o exercício de direitos, liberdades e prerrogativas de seus integrantes ou relacionados com a finalidade partidária;

III - por organização sindical, entidade de classe ou associação legalmente constituída e em funcionamento há pelo menos 1 (um) ano, para assegurar o exercício de direitos, liberdades e prerrogativas em favor da totalidade ou de parte de seus membros ou associados, na forma de seus estatutos e desde que pertinentes a suas finalidades, dispensada, para tanto, autorização especial;

IV - pela Defensoria Pública, quando a tutela requerida for especialmente relevante para a promoção dos direitos humanos e a defesa dos direitos individuais e coletivos dos necessitados, na forma do inciso LXXIV do art. 5o da Constituição Federal.

Parágrafo único. Os direitos, as liberdades e as prerrogativas protegidos por mandado de injunção coletivo são os pertencentes, indistintamente, a uma coletividade indeterminada de pessoas ou determinada por grupo, classe ou categoria.

Art. 13. No mandado de injunção coletivo, a sentença fará coisa julgada limitadamente às pessoas integrantes da coletividade, do grupo, da classe ou da categoria substituídos pelo impetrante, sem prejuízo do disposto nos §§ 1º e 2º do art. 9º.

Parágrafo único. O mandado de injunção coletivo não induz litispendência em relação aos individuais, mas os efeitos da coisa julgada não beneficiarão o impetrante que não requerer a desistência da demanda individual no prazo de 30 (trinta) dias a contar da ciência comprovada da impetração coletiva.

Art. 14. Aplicam-se subsidiariamente ao mandado de injunção as normas do mandado de segurança, disciplinado pela Lei no 12.016, de 7 de agosto de 2009, e do Código de Processo Civil, instituído pela Lei no 5.869, de 11 de janeiro de 1973, e pela Lei no 13.105, de 16 de março de 2015, observado o disposto em seus arts. 1.045 e 1.046.

Art. 15. Esta Lei entra em vigor na data de sua publicação.

Brasília, 23 de junho de 2016; 195º da Independência e 128º da República.

MICHEL TEMER

Alexandre de Moraes

Fábio Medina Osório

Este texto não substitui o publicado no DOU de 24.6.2016

b) Pressuposto onto-teleológico

O exercício da ação injuntiva — como evidencia o aludido inciso LXXI do art. 5.º — pressupõe a inexistência de norma regulamentadora (lei ordinária ou complementar), que torne viável a realização dos direitos e garantias constitucionais assegurados aos indivíduos em geral, e aos trabalhadores em particular (art. 7.º).

Nisso reside, pois, o sentido onto-teleológico (causa e finalidade) da ação *sub examen*, que representa, segundo cremos, um dos mais lúcidos e expressivos momentos de criação constitucional — exceto se não possuirmos sensibilidade suficiente para captar a sua real função em nosso ordenamento jurídico. Podemos mesmo dizer que essa ação traduz um engenhoso mecanismo de preservação do prestígio, da respeitabilidade e — em última análise — da própria sobrevivência da nova ordem constitucional, porquanto, finalisticamente, é dotada de eficácia bastante para fazer com que, em concreto, as coisas se disponham de acordo com a vontade abstrata que emana da Suprema Carta Política.

Não ignoramos, porém, o fato de que se as normas constitucionais vierem, um dia, a ser regulamentadas em sua plenitude, a relevância que o mandado de injunção hoje ostenta ficará extremamente reduzida, pois terão sido eliminados, com isso, os espaços vitais que justificam, presentemente, a sua existência em nossa complexa estrutura normativa; segundo esse prisma, não será desassizado afirmar que a utilidade da injunção poderá ser, apenas, temporária, a menos que a incúria do legislador instile nessa nova modalidade de ação o substrato da longevidade.

Dúvida, que talvez possa vir a assenhorear-se do espírito dos estudiosos, respeita à necessidade de certa norma constitucional — objeto da ação injuntiva — ser, ou não, regulamentada. Caso o tribunal conclua pela autoexecutoriedade do preceito, não somente faltará, na hipótese, o pressuposto essencial para o acolhimento do pedido, como o autor deverá ser declarado carecente da ação, em decorrência da sua manifesta falta de interesse processual, porquanto ausente qualquer utilidade ou necessidade a que o provimento jurisdicional possa atender.

Não se pode negar, entrementes, que na espécie o autor teria alcançado, ainda que por vias transversas, o seu desiderato, pois ao entender o tribunal que a norma é autoaplicável (e, em consequência, declará-lo carecedor da ação), estará a fornecer-lhe poderoso argumento para formular, mais tarde, perante o juízo competente, pretensão calcada no direito material previsto na Constituição da República, ao qual o juízo de injunção reconheceu eficácia plena.

Lançados esses escólios, vejamos, agora, se a ação de que estamos a cuidar pode ser ajuizada com o objetivo de tomar viável o exercício dos direitos mencionados no art. 7.º, da Constituição, vale dizer, os direitos trabalhistas.

Julga o Prof. Manoel Gonçalves Ferreira Filho que a referência efetuada pelo art. 5.º, LXXI, às prerrogativas "inerentes à nacionalidade, à soberania e à cidadania" repele a utilização do "mandado" de injunção como instrumento destinado a tornar possível o exercício dos denominados direitos sociais, uma vez que essas prerrogativas se encontram vinculadas, unicamente, aos *status* da nacionalidade[25].

Dissentimos, *venia permissa*, do ilustre publicista, por, no mínimo, duas razões. Em primeiro, porque o texto em questão refere, também (e antes), os direitos constitucionais; ninguém, por certo, haverá de sentir-se à vontade para sustentar que os direitos sociais, de que se ocupa o art. 7.º, não pertencem à classe constitucional. Sob esse aspecto, é significativo o fato de o art. 5.º, inc. LXXI, da Constituição, haver incorporado a expressão "dos direitos", que não estava no texto do anteprojeto preparado pela Comissão de Sistematização (art. 51, § 6.º). Em segundo, a prevalecer a opinião daquele eminente jurista, ficaria difícil entender-se o motivo pelo qual o constituinte, ao redigir o art. 105, I, *"h"*, da Constituição em vigor — que dispõe sobre a competência do Superior Tribunal de Justiça — ressalvou a competência da Justiça do Trabalho; ora, se a ação injuntiva só se presta à tarefa de tomar viável o exercício dos direitos adjungidos apenas ao *status* da nacionalidade, porque razão teria o constituinte preservado (por força da antedita ressalva) a competência especializada da Justiça do Trabalho em sede de injunção? A *contrario sensu*, que prerrogativas imanentes à cidadania, à nacionalidade e à soberania deveriam ser tomadas efetivas por esta Justiça, quando se sabe que temas dessa natureza não se quadram à sua competência material, constitucionalmente estabelecida? (Const. Fed., art. 114).

Ponha-se de parte, em definitivo, a suposição de que a tutela injuntiva não possa ser invocada para assegurar o exercitamento dos direitos (e não se trata

(25) *Repertório IOB de Jurisprudência*, n. 20/1988, p. 297 e segs.

de meras expectativas, como imagina Ferreira Filho) enumerados pelo art 7.º da Constituição — propositadamente emoldurados pelo Titulo II, que versa "*Dos Direitos e Garantias Fundamentais*" (destacamos).

c) Momento em que a ação injuntiva pode ser exercida

Como vimos, o pressuposto básico para o ajuizamento da ação em estudo é a falta de regulamentação legislativa indispensável à exigibilidade efetiva dos direitos e garantias constitucionais.

A Norma Suprema não fixou, contudo — como seria desejável que o fizesse — prazo para que o legislador regulamentasse os "direitos sociais" descritos no art. 7.º (limitemo-nos a ele, para efeito de nossa exposição). O art. 10 do Ato das Disposições Constitucionais Transitórias regulou, apenas (e, ainda, assim, de maneira provisória), o inciso I do mencionado artigo, que dispõe sobre a proteção da relação de emprego contra a despedida arbitrária ou sem justa causa legal.

Em que pese ao fato de constituir atitude algo precipitada do interessado, jamais se poderia negar-lhe o direito de ingressar com ação injuntiva já no primeiro dia de vigência da atual Constituição, ainda que se soubesse ser totalmente impraticável, nesse espaço de tempo quase inexistente, a regulação legislativa dos dispositivos constitucionais destituídos de auto-aplicabilidade.

Tudo sugeria que o constituinte, quando fosse o caso, assinasse prazo razoável para que o legislador desse a lume a norma regulamentadora dos "direitos sociais", pois, com essa providência, evitaria o ajuizamento açodado de ações injuntivas, como se verificou no plano da realidade prática.

d) Legitimidade ativa

Conforme deixamos exarado em obra anterior, tão logo entrou a viger a atual Constituição da República uma considerável legião de intérpretes passou a extrair de muitas de suas disposições algumas inferências que eram produto, muito mais, do inconsciente ideológico destes, do que de tradução daquilo que a expressão literal da norma permitia captar.[26] Um desses fenômenos — por nós genericamente designado de Fata Morgana[27] — ocorreu em relação ao art. 8.º, inciso III, assim redigido: "*ao sindicato cabe a defesa dos direitos e interesses coletivos ou individuais da categoria, inclusive em questões judiciais ou administrativas*".

Muitos desses intérpretes viram, no enunciado dessa norma constitucional, a atribuição, aos sindicatos, da qualidade de *substitutos processuais* da categoria.

---

(26) *Ação Rescisória na Justiça do Trabalho*, 4. ed. São Paulo: LTr, 2005, p. 96.

(27) A fada Morgana, segundo as lendas bretãs, possuía, dentre outros poderes, o de distorcer as imagens que se formavam na superfície dos lagos.

Em atitude algo heterodoxa, argumentávamos, no entanto, que nem mesmo por antonomásia se poderia afirmar que o constituinte teria empregado o vocábulo *defesa* (dos direitos ou interesses da categoria) como significante de substituição processual. Ponderávamos que, em nosso sistema legal, o sindicato pode defender tais direitos e interesses dos integrantes da categoria:

a) como representante processual, nos termos do art. 839, "a", da CLT; b) como assistente simples (CPC, art. 114; TST, Súmula n. 82); c) como prestador de assistência judiciária gratuita (Lei n. 5.584, de 26-6-1970, art. 14). Dessa forma, *defender* não significa, necessariamente, atuar como substituto processual.

Como a norma constitucional não alude, expressamente, à substituição processual, a defesa a ser subministrada pelo sindicato deve ser, fundamentalmente, na qualidade de *representante* da categoria, pois, nesse sentido, há perfeita harmonia sistemática entre os arts. 8.º, III, da Constituição, e 839, *a*, da CLT. Demais, sendo a substituição processual modalidade de legitimação extraordinária (CPC, art. 18, *caput*), a sua existência em determinado texto normativo não pode ser presumida, sob pena de grave lesão ao senso lógico. Só se presume existente o que é ordinário, equivale a dizer, aquilo que faz parte dos fatos da vida, do cotidiano das pessoas e das instituições.

Após argumentarmos com base nos anais da Assembleia Nacional Constituinte, com especial destaque para a Emenda n. 1.270, do Sr. Constituinte Vinícius Cansanção, concluíamos que o contido no inciso III do art. 8.º da Suprema Cada Política correspondia, em essência, ao que constava do art. 513, "*a*", da CLT — onde se fez uso do verbo *representar*.[28]

Posteriormente, entretanto, foi publicada a Lei n. 8.073, de 30 de julho de 1990, dispondo sobre "política nacional de salários", conforme anunciava o seu preâmbulo. Insolitamente, todavia, os artigos essenciais (de natureza material) dessa norma foram vetados pelo Sr. Presidente da República, sobrevivendo, somente, o que atribui às entidades sindicais a qualidade de substitutas processuais da categoria (3.º).

Se não houvessem sido vetados os dois primeiros artigos dessa lei, não hesitaríamos em asseverar que a substituição processual, mencionada no art. 3.º, estaria circunscrita às questões concernentes à política salarial — assunto que dava conteúdo material àquela norma. Como o art. 3.º não foi alcançado pelo veto presidencial, e a referida Lei, embora rudemente mutilada, entrou em vigor (DOU de 31-7-1990, pág. 14.551), torna-se inevitável reconhecer que, conquanto

(28) V. *Litisconsórcio, Assistência e Intervenção de Terceiros*, 3. ed., São Paulo: LTr, 1995, ps. 45/50 de nossa autoria.

de modo esdrúxulo, acidental, as entidades sindicais brasileiras acabaram por ver-se dotadas da qualidade de substitutas processuais dos integrantes da categoria, inclusive para efeito de ajuizamento de ação injuntiva.

Posteriormente, a jurisprudência do TST sentiu-se em boa sombra para reconhecer a qualidade de substituto processual ao sindicato, inclusive, para efeito de ajuizamento da denominada *ação de cumprimento* e também para a "*observância de acordo ou de convenção coletivos*" (TST, Súmula n. 286).

Em suma, a Lei n. 13.330/2016 declara estarem legitimadas ao exercício do mandado injuntivo, vale dizer, como impetrantes, "*as pessoas naturais ou jurídicas que se afirmam titulares dos direitos, das liberdades ou das prerrogativas referidos no art. 2.º*"; e, como impetrado, "*o Poder, o órgão ou a autoridade com atribuição para editar a norma regulamentadora*".

e) Competência

Vem da expressão translúcida do art. 22, inciso I, da Constituição vigente, a regra atributiva de competência à União para legislar, privativamente, sobre direito material do trabalho, além de outros, que ora desinteressa destacar.

Isso corresponde a dizer, por outras palavras, que compete, com exclusividade, ao Poder Legislativo Federal (Congresso Nacional, Câmara dos Deputados e Senado Federal) editar normas pertinentes a essa matéria, em especial, àquela classe de direitos sociais, de que fala o art. 7.º da Suprema Carta.

Segue-se, que se alguns desses direitos não forem regulamentados (e se houver necessidade disso) por lei ordinária ou complementar, a omissão — defluente que é do Poder Legislativo Federal — fará com que se fixe a competência do Supremo Tribunal Federal para apreciar as ações de injunção destinadas a obter, mediante provimento jurisdicional, os elementos necessários à efetividade de tais direitos. Dispõe, a propósito, o art. 102, I, "*q*", do Texto Constitucional, competir ao Excelso Pretório processar e julgar os "mandados" de injunção "quando a elaboração da norma regulamentadora for atribuição [...] do Congresso Nacional, da Câmara dos Deputados, do Senado Federal [...]".

A quem pretender objetar-nos que, sendo a competência da Justiça do Trabalho estabelecida, constitucionalmente, em razão da matéria (art. 114), caberia aos órgãos dessa Justiça Especializada (e não ao Supremo Tribunal Federal) julgar ações injuntivas, devemos redarguir, em prolepse, que o critério distributivo das competências, em foro de injunção, perfilhado pela Norma Constitucional, levou em conta não a natureza dos conflitos subjetivos de interesses aos quais o "mandado" possa servir, e, sim, a autoridade, órgão ou Poder que se tenha omitido na elaboração da lei regulamentadora indispensável para tomar viável o exercício dos chamados direitos sociais.

A nosso ver, portanto, as opiniões de que o "mandado" injuntivo pode ser solicitado aos órgãos da jurisdição trabalhista, inclusive perante os de primeiro grau, com a finalidade de obter uma regulamentação jurisdicional dos direitos enumerados no art. 7.º da Constituição, desvencilham-se, *data venia*, com grande ousadia, e sem maiores explicações jurídicas, do comando do art. 102, I, "*q*", do mencionado Texto, em que se encontra nitidamente estampada a competência privativa do Supremo Tribunal Federal para apreciar a matéria.

Dir-se-á, talvez, que o disposto no art. 105, I, "*h*", da própria Constituição Federal, infirma as nossas conclusões ao ressalvar, de modo expresso, a competência da Justiça do Trabalho em sede de injunção. Semelhante objeção, contudo, somente poderá decorrer de uma visão distorcida da realidade, pois não se pode perder de mira o fato essencial de que, segundo o já examinado art. 102, I, "*q*", a competência para apreciar ações injuntivas que tenham como objeto e regulamentação dos direitos sociais é *exclusiva* do Excelso Pretório. Referida ressalva só faz sentido quando a feitura da norma regulamentadora for da competência de órgão, entidade ou autoridade federal, da administração direta ou indireta (art. 105, I, "*h*"), nunca do Congresso Nacional, da Câmara dos Deputados ou do Senado Federal (art. 102, I, "*q*"), aos quais compete legislar sobre direito do trabalho (art. 22, I).

Se a ressalva precitada emanou de falha topológica do constituinte (pois deveria ter sido introduzida no art. 102, I, "*q*") é algo a ser apenas lamentado pela crítica, pois a tudo sobreleva o fato de que, bem ou mal, mesmo com ela permaneceu íntegra a competência do Supremo Tribunal Federal para atuar, com exclusividade, no terreno das ações injuntivas tendentes a permitir a fruição dos direitos ditos sociais.

f) Finalidade

Um dos aspectos mais controvertidos do tema respeitante à ação injuntiva reside na definição de sua finalidade.

Pelo que temos podido observar, a opinião doutrinal, acerca do assunto, vem sendo manifestada em movimentos pendulares, ora entendendo-se que o órgão jurisdicional deverá, de imediato, suprir a omissão do legislador, emitindo um pronunciamento regulamentador do preceito, ora sustentando-se que incumbirá ao Poder Judiciário, apenas, recomendar (ou, quando muito, determinar), a quem de direito, a confecção da norma regulamentadora.

Conforme ressaltamos algures, o assunto é delicado e requer detida reflexão; afinal, colocamo-nos, neste momento, diante do núcleo, da essência vital desta que identificamos como uma das mais expressivas manifestações do direito público subjetivo de invocar-se a tutela jurisdicional do Estado: a ação de injunção.

Os anais da Assembleia Nacional Constituinte revelam que, a princípio, procurou-se articular o "mandado" de injunção à ação direta de inconstitucionalidade por omissão, tornando-o uma espécie de instrumento desta, pois declarada a ofensa à Constituição caberia à medida injuntiva em questão forçar a instauração do processo legislativo necessário para suprir a omissão.[29]

Antes, o projeto de Constituição elaborado pela Comissão Provisória criada pelo Decreto n. 91.450, de 18 de julho de 1985, trazia disposição no sentido de que

> *[...] verificando-se a inexistência ou omissão da lei, que inviabilize a plenitude da eficácia de direitos e garantias asseguradas nesta Constituição, o Supremo Tribunal Federal recomendará ao Poder competente a edição da norma que venha a suprir a falta (grifei).*

O estudo desses precedentes legislativos não estaria a demonstrar que a finalidade da ação injuntiva seria, unicamente, a de sugerir ou determinar ao Poder omisso a elaboração da norma imprescindível para o exercício pleno dos direitos sociais, afastando-se, dessa forma, a possibilidade de o Judiciário emitir pronunciamento regulamentador da regra constitucional, para o caso concreto?

Entendemos que não.

Nossa ilação deriva do fato de o constituinte brasileiro haver concebido — inspirado no sistema português — a ação direta de inconstitucionalidade por omissão, cujo escopo radica na cientificação, dada pelo Poder Judiciário (Supremo Tribunal Federal) ao Poder negligente, a fim de que este adote as "providências necessárias" para suprir a falta (art. 103, § 2.º), ensejando, com isso, o exercitamento dos direitos e garantias assegurados pela Constituição.

Se esse é o objetivo incontestável da ação de inconstitucionalidade por omissão, e se devêssemos admitir que o escopo do "mandado" de injunção seria também o de sugerir ou de ordenar ao Poder remisso a edição da norma regulamentadora, incidiríamos na desrazão de pensar que o constituinte teria criado dois institutos para o mesmo fim, pois tanto a ação de injunção quanto a de inconstitucionalidade por omissão se destinariam a recomendar (ou a impor) ao Congresso Nacional, à Câmara dos Deputados ou ao Senado Federal a preparação da lei necessária para tornar viável o exercício dos direitos sociais.

Não cremos que os constituintes brasileiros, a despeito dos atropelos e das eventuais cincadas que assinalaram a elaboração da Carta em vigor, tenham

---

(29) V. as Sugestões 155-4 e 156-2, dos Senadores Virgílio Távora e Carlos Virgílio, bem como a 367-1, de autoria do Sr. Rui Bacelar.

pretendido, mediante atitude deliberada, provocar semelhante superfetação normativo-institucional.

Nem se diga que o "mandado" de injunção deveria ser pedido logo após o Judiciário pronunciar a inconstitucionalidade por omissão, como se isso fosse pressuposto daquele; como se a injunção fosse o instrumento de atuação coercitiva da declaração de inconstitucionalidade, de um seu desdobramento, por assim dizer. Opinião dessa ordem não apenas encontraria dificuldades para explicar o motivo pelo qual a Constituição trata de ambos os institutos em artigos distintos (5.º, LXXI e 103, I, "*q*"), como estaria a criar fortes embaraços à plena fruição dos direitos sociais, porquanto traria o inconveniente de compelir o indivíduo à cata de dois provimentos jurisdicionais, cuja obtenção consumiria largo período de tempo.

Por tudo isso, entendemos que a finalidade da ação injuntiva é a de obter, do Poder Judiciário, um pronunciamento específico, que, regulamentando o preceito constitucional, permita o imediato e amplo exercício do direito. No campo da injunção, conseguintemente, comete-se ao Judiciário a insólita — mas alcandorada — tarefa de substituir, ainda que anômala, tópica e heterotopicamente, o legislador na realização de um ato em relação ao qual esse se omitiu.

Supor que a missão do Judiciário se exauriria em um simples e diplomático *recomendar* ao Poder omisso, seria não só golpear mortalmente o instituto da ação injuntiva, coarctando-lhe os efeitos que justificam a sua dessemelhança com a ação direta de inconstitucionalidade por omissão, mas, sobremaneira, frustrar a euforia com que foi saudada a sua inserção no organismo constitucional.

O máximo que se poderia transigir, nessa questão, seria aceitando a possibilidade de as consequências do pronunciamento jurisdicional injuntivo se desdobrarem em duas fases: na primeira, o Judiciário, efetivamente, limitar-se-ia a sugerir ao Poder omisso a elaboração da norma regulamentadora, dentro do prazo que estabelecesse; na segunda, esgotado o prazo sem que a recomendação tivesse sido acatada, caberia ao órgão jurisdicional emitir, nos mesmos autos, acórdão que fizesse as vezes da norma regulamentadora.

Ficar-se apenas na primeira fase seria converter-se a ação injuntiva em um mero "tiro de festim" — se nos permitem a vulgaridade da expressão, vale dizer, em um instituto aparatoso, mas, inútil, que a nada de concreto conduziria. Basta imaginar a possibilidade de o Poder omisso recusar o atendimento à recomendação feita pelo Judiciário, ou, mesmo, negligenciar quanto a esse acatamento.

Nos dias atuais, felizmente, a doutrina está a entender que cumpre ao Poder Judiciário declarar a maneira de o interessado agir, no caso concreto, a fim de que o seu direito não fique sem efetividade. Mencionemos, como corolário, o pensamento de Nélson Ney Júnior e Rosa M. A. Nery: "*O mandado de injunção se presta a fazer com que, na prática, possa ser exercido direito previsto na CF, cuja forma de exercício não se encontra regulamentada por lei infraconstitucional. O impetrante tem o direito mas não sabe como exercê-lo. Cabe ao juiz determinar o modus faciendi a fim de que o impetrante não fique privado de seu direito constitucionalmente garantido, a pretexto de que não há ainda norma inferior que o regulamente. O Judiciário não edita a lei geral, nem profere sentença normativa, tampouco determina ao Legislativo a elaboração de lei: estabelece, no caso concreto, como deve ser exercido o direito garantido pela CF. A decisão tem eficácia apenas ao caso concreto [...]"* "Código de Processo Civil Comentado", 8. ed., São Paulo: Ed. Revista dos Tribunais, 2004, pág. 150)

A jurisprudência do STF, todavia, caminhava em sentido oposto, ou seja, de que, em sede de injunção, se deveria, apenas, *comunicar* ao órgão competente, do Poder Legislativo, a sua omissão, no que toca à edição de norma regulamentadora de dispositivo constitucional, como espelha esta ementa: *"MANDADO DE INJUNÇÃO – TAXA DE JUROS REAIS – LIMITE CONSTITUCIONAL DE 12% – Mandado de injunção parcialmente deferido para que se comunique ao Congresso Nacional a mora em que se encontra na regulamentação do artigo 192, § 3.º da Constituição, cabendo-lhe tomar as providências para suprir a omissão. (STF – MI 588 – MS – TP – Rel.ª Min.ª Ellen Gracie – DJU de 14-12-2001 – p. 29)*

Ao assim entender, o Excelso Pretório atribuiu à decisão em ação injuntiva um efeito, meramente, moral (vale dizer, sem nenhuma consequência concreta), quando, em rigor, o que se esperava é que esse efeito do pronunciamento jurisdicional fosse pragmático. A posição do STF, em face da matéria, estava a fazer com que houvesse acentuado desinteresse geral pelo exercício da ação injuntiva e, acima de tudo, frustrava, a nosso ver, a verdadeira finalidade que levou o constituinte brasileiro a introduzir essa modalidade de ação em nosso sistema processual.

Entrementes, o Excelso Pretório, a contar de 2006, passou a dar sinais de mudança em seu posicionamento diante do tema, como revela este excerto de voto do Ministro Marco Aurélio (Mandado de Injunção n. 721/2006):

> *É tempo de se refletir sobre a timidez inicial do Supremo quanto ao alcance do mandado de injunção, ao excesso de zelo, tendo em vista a separação e a harmonia entre os Poderes. É tempo de se perceber a frustração gerada pela postura inicial, transformando o mandado de injunção em ação simplesmente declaratória do ato omissivo, resultando em algo que não interessa, em si, no tocante à prestação jurisdicional, tal como consta no inciso LXXI do art. 5.º da Constituição Federal, ao cidadão. Impetra-se mandado de injunção não para lograr-se de certidão de omissão do Poder incumbido de regulamentar o direito a liberdades constitucionais, a prerrogativas inerentes à nacionalidade, à soberania e à cidadania. Busca-se o Judiciário na crença de lograr a supremacia da Lei Fundamental, a prestação jurisdicional que afaste as nefastas consequências da inércia do legislador. Conclamo, por isso, o Supremo, na composição atual, a rever a óptica inicialmente formalizada, entendendo que, mesmo assim, ficará aquém da atuação dos Tribunais do Trabalho, no que, nos*

dissídios coletivos, a eles a Carta reserva, até mesmo, a atuação legiferante, desde que consoante prevê o § 2º do artigo 114 da constituição Federal, sejam respeitadas as disposições mínimas legais de proteção ao trabalho. [...]

Por seu excelente conteúdo e por sua inegável importância histórica, transcrevemos, a seguir, o excelente – embora extremamente longo – voto do Min. Celso de Mello no julgamento, em 2007, pelo Plenário do STF, do Mandado de Injunção n. 712-8-Pará, em cujos autos se discutia o direito de greve dos servidores públicos civis:

12/04/2007

TRIBUNAL PLENO

MANDADO DE INJUNÇÃO 712-8 PARÁ

V O T O

O SENHOR MINISTRO CELSO DE MELLO: A greve foi erigida, pela Constituição Federal promulgada em 1988, como direito reconhecido aos servidores públicos civis. O sistema de direito constitucional positivo conferiu, desse modo, legitimidade jurídica à greve no seio da Administração Pública, dela apenas excluindo, por razões de evidente interesse público, os militares das Forças Armadas e os integrantes das Polícias Militares e dos Corpos de Bombeiros Militares, aos quais se proibiu, terminantemente, o exercício desse direito de ação coletiva (CF, art. 42, § 5º). Presentemente, é assegurado o direito de greve – ainda que em condições diferenciadas - aos trabalhadores em geral (CF, art. 9º) e aos servidores públicos civis (CF, art. 37, VII).

Cumpre destacar, no contexto em que se desenvolvem as relações coletivas de trabalho no Brasil, que o preceito constitucional que garantiu o direito de greve no setor privado da economia já se acha regulamentado pela Lei n. 7.783/89.

O legislador constituinte brasileiro, seguindo moderna tendência registrada no plano do direito comparado, buscou positivar mecanismos destinados a solucionar os conflitos coletivos instaurados entre os agentes estatais e a Administração Pública, reconhecendo aos servidores civis - além da possibilidade da sindicalização (CF, art. 37, VI) - a titularidade do direito de greve (CF, art. 37, VII). Neste ponto, a Constituição do Brasil incorporou a recomendação constante da Convenção n. 151 da OIT (art. 8º), que dispõe sobre a institucionalização de meios voltados à composição dos conflitos de natureza coletiva surgidos entre o Poder Público e os seus servidores.

A importância do direito de greve, contudo, não pode prescindir da necessária observância dos princípios da supremacia do interesse público e da continuidade dos serviços desenvolvidos pela administração estatal, especialmente daquelas atividades que, qualificadas pela nota da essencialidade, não podem sofrer, em hipótese alguma, qualquer tipo de interrupção.

É por essa razão que documentos de caráter internacional - como o Pacto Internacional dos Direitos Econômicos, Sociais e Culturais (art. 8º, "c" e "d") - advertem que as leis concernentes ao exercício do direito de greve, especialmente quando exercido no âmbito da Administração Pública, podem e devem estipular restrições ou limitações "no interesse da segurança nacional ou da ordem pública, ou para proteção dos direitos e liberdades de outrem".

O próprio Romano Pontífice, na Encíclica "Laborem Exercens" ("Sobre o Trabalho Humano", p. 49, item n. 20, 1981, Loyola), após advertir que as exigências sindicais "não podem transformar-se numa espécie de egoísmo de grupo ou de classe", salientou, nesse documento pontifício comemorativo do 1º Centenário da Encíclica "Rerum Novarum", do Papa Leão XIII (1891), que a atividade desenvolvida pelas entidades representativas dos prestadores de serviços deve ser entendida "como uma prudente solicitude pelo bem comum", aduzindo que: "Ao agirem em prol dos justos direitos dos seus membros, os sindicatos lançam mão também do método da 'greve', ou seja, da suspensão do trabalho, como de uma espécie de 'ultimatum' dirigido aos órgãos competentes e, sobretudo, aos dadores de trabalho. É um modo de proceder que a doutrina social católica reconhece como legítimo, observadas as devidas condições e nos justos limites. Em relação a isto os trabalhadores deveriam ter assegurado o direito à greve, sem terem de sofrer sanções penais pessoais por nela participarem. Admitindo que se trata de um meio legítimo, deve simultaneamente relevar-se que a greve continua a ser, num certo sentido, um meio extremo. Não se pode abusar dele; e não se pode abusar dele especialmente para fazer o jogo da política. Além disso, não se pode esquecer nunca que, quando se trata de serviços essenciais para a vida da sociedade, estes devem ficar sempre assegurados, inclusive, se isso for necessário, mediante apropriadas medidas legais. O abuso da greve pode conduzir à paralisação da vida sócio-econômica; ora isto é contrário às exigências do bem comum da sociedade, o qual também corresponde à natureza, entendida retamente, do mesmo trabalho." (grifei)

No plano do direito comparado, como sabemos, delineiam-se pelo menos quatro modelos normativos concernentes ao exercício do direito de greve no serviço público, que assim podem ser caracterizados:

(1) Reconhecimento do direito de greve ao servidor público em condições diferenciadas daquelas estabelecidas para os trabalhadores em geral;

(2) Reconhecimento do direito de greve ao servidor público em condições idênticas às fixadas para os trabalhadores em geral;

(3) Reconhecimento tácito em favor dos servidores públicos do direito de greve; e

(4) Vedação total do exercício do direito de greve no serviço público.

O eminente jurista ARION SAYÃO ROMITA ("Regime Jurídico dos Servidores Públicos Civis - Aspectos Trabalhistas e Previdenciários", p. 64/65, 1993, LTr), ao analisar o "status quaestionis" no plano do direito comparado, observa: "O exame da legislação vigente em diferentes países permite identificar quatro grupos: 1º - países que reconhecem expressamente o direito de greve dos servidores públicos; 2º - países que não estabelecem diferença alguma entre as greves do setor público e as dos demais setores da economia; 3º - países cuja legislação não contém disposições relativas à licitude ou ilicitude dos movimentos grevistas de servidores públicos, 4º - países que proíbem expressamente a greve dos servidores públicos.

No primeiro grupo, alistam-se os países que consideram legal a greve quando o conflito não é resolvido mediante consultas, negociações ou qualquer outro procedimento existente. Esta é a situação de Alto Volta, Benin, Canadá, Costa do Marfim, Espanha, Finlândia, França, Grécia, Guiné, Madagascar, México, Níger, Noruega, Portugal, Senegal, Suécia, Zaire. O reconhecimento do direito de greve se aplica, em princípio, aos funcionários em geral, mas há certas categorias de servidores aos quais se nega o exercício do direito. Há também restrições fundadas no tipo de conflitos, como por exemplo: na Noruega só é permitida a greve em caso de conflito de interesses; na Suécia,só é autorizada a greve que tiver origem em questões que possam constituir objeto de negociação.

No segundo grupo situam-se os países que reconhecem o direito de greve de modo geral, embora sujeito a restrições em certos casos, e não existem disposições especiais que neguem esse direito aos servidores públicos. É o que se passa nos seguintes países: Camarões, Gana, Itália, Malásia, Malta, Maurício, Nigéria, Serra Leoa, Singapura e Sri Lanka.

O terceiro grupo é composto por países cuja legislação silencia quanto à legalidade ou ilegalidade do movimento grevista, o que suscita diferentes interpretações. No Tchad, em Israel e no Reino Unido, há reconhecimento tácito do direito de greve. Em contrapartida, a inexistência de disposições legislativas pode ser interpretada como proibição tácita da greve na função pública. É o que ocorre na Alemanha, quanto aos Beamte (os Angestellte e Arbeiter gozam do direito de greve), no Irã, no Paquistão, na Argélia e no Gabão. O mesmo podia dizer-se dos países socialistas antes das transformações operadas em 1989 e 1990, quando a greve passou a ser expressamente autorizada por lei em diversos desses países.

No quarto grupo enfileiram-se os países que expressamente negam aos funcionários públicos o direito de greve. Em certos países, como Quênia, Trinidad e Tobago, Uganda, as proibições se referem aos serviços essenciais. Em outros, há proibição legal especificamente estabelecida para a greve no serviço público.

É o sistema vigente nos seguintes países: Austrália, Bolívia, Colômbia, Costa Rica, Chile, Estados Unidos, Filipinas, Guatemala, Honduras, Japão, Coveite, Líbano, Holanda (ferroviários e altos funcionários públicos), Ruanda, Síria, Suíça, Tailândia, Trinidad e Tobago, Venezuela. A proibição assume características de grande rigidez em países latinoamericanos, que a incluem no texto constitucional, como é o caso de Colômbia, Costa Rica, República Dominicana, Guatemala, Honduras, Panamá e Venezuela e era também o caso do Brasil antes de 1988.

Certos países não podem ser classificados em qualquer desses grupos, porque não sendo a matéria prevista por lei, o problema da greve dos servidores públicos continua sendo uma questão bastante controvertida, com opiniões doutrinárias divergentes e decisões judiciais conflitantes. Esta é a situação da Áustria, Bélgica, Dinamarca, Holanda, Uruguai."

Decorridos quase 19 (dezenove) anos da promulgação da vigente Carta Política, ainda não se registrou - no que concerne à norma inscrita no art. 37, VII, da Constituição - a necessária intervenção concretizadora do Congresso Nacional, que se absteve de editar, até o presente momento, o ato legislativo essencial ao desenvolvimento da plena eficácia jurídica do preceito constitucional em questão, não obstante esta Suprema Corte, em 19/05/1994 (há quase 13 anos, portanto), ao julgar o MI 20/DF, de que fui Relator, houvesse reconhecido o estado de mora (inconstitucional) do Poder Legislativo da União, que ainda subsiste, porque não editada, até agora, a lei disciplinadora do exercício do direito de greve no serviço público.

Registra-se, portanto, quase decorrido o período de uma geração, clara situação positivadora de omissão abusiva no adimplemento da prestação legislativa imposta, pela Constituição da República, ao Congresso Nacional.

Na realidade, o retardamento abusivo na regulamentação legislativa do texto constitucional qualifica-se - presente o contexto temporal em causa - como requisito autorizador do ajuizamento da ação de mandado de injunção, pois, sem que se configurasse esse estado de mora legislativa – caracterizado pela superação excessiva de prazo razoável -, não haveria como reconhecer-se ocorrente, na espécie, o próprio interesse de agir em sede injuncional, como esta Suprema Corte tem advertido RTJ 158/375, Rel. p/ o acórdão Min. SEPÚLVEDA PERTENCE) em sucessivas decisões:

"MANDADO DE INJUNÇÃO. [...]. PRESSUPOSTOS CONSTITUCIONAIS DO MANDADO DE INJUNÇÃO (RTJ 131/963 – RTJ 186/20-21). DIREITO SUBJETIVO À LEGISLAÇÃO/DEVER ESTATAL DE LEGISLAR (RTJ 183/818-819). NECESSIDADE DE OCORRÊNCIA DE MORA LEGISLATIVA (RTJ 180/442). CRITÉRIO DE CONFIGURAÇÃO DO ESTADO DE INÉRCIA LEGIFERANTE: SUPERAÇÃO EXCESSIVA DE PRAZO RAZOÁVEL (RTJ 158/375). [...]."

(MI 715/DF, Rel. Min. CELSO DE MELLO, "in" Informativo/STF n. 378, de 2005) O caso em exame, como precedentemente acentuado, revela – considerada a superação irrazoável do lapso temporal já decorrido – um retardamento abusivo do dever estatal de legislar sobre a espécie ora em análise.

Essa omissão inconstitucional do Poder Legislativo, derivada do inaceitável inadimplemento do seu dever de emanar regramentos normativos - encargo jurídico que foi imposto ao Congresso Nacional pela própria Constituição da República - encontra, neste "writ" injuncional, um poderoso fator de neutralização da inércia legiferante e da abstenção normatizadora do Estado.

O mandado de injunção, desse modo, deve traduzir significativa reação jurisdicional, fundada e autorizada pelo texto da Carta Política que, nesse "writ" processual, forjou o instrumento destinado a impedir o desprestígio da própria Constituição, consideradas as graves consequências que decorrem do desrespeito ao texto da Lei Fundamental, seja por ação do Estado, seja, como no caso, por omissão - e prolongada inércia - do Poder Público.

Não obstante atribuísse, ao mandado de injunção, desde o meu ingresso neste Supremo Tribunal, a relevantíssima função instrumental de superar, concretamente, os efeitos lesivos decorrentes da inércia estatal - posição que expressamente assumi, nesta Suprema Corte, no MI 164/SP, de que fui Relator (DJU de 24/10/89) -, devo reconhecer que a jurisprudência firmada na matéria pelo Pleno do Supremo Tribunal Federal orientou-se, de modo claramente restritivo, em sentido diverso.

A jurisprudência que se formou no Supremo Tribunal Federal, a partir do julgamento do MI 107/DF, Rel. Min. MOREIRA ALVES (RTJ 133/11), fixou-se no sentido de proclamar que a finalidade, a ser alcançada pela via do mandado de injunção, resume-se à mera declaração, pelo Poder Judiciário, da ocorrência de omissão inconstitucional, a ser meramente comunicada ao órgão estatal inadimplente, para que este promova a integração normativa do dispositivo constitucional invocado como fundamento do direito titularizado pelo impetrante do "writ".

Esse entendimento restritivo não mais pode prevalecer, sob pena de se esterilizar a importantíssima função político-jurídica para a qual foi concebido, pelo constituinte, o mandado de injunção, que deve ser visto e qualificado como instrumento de concretização das cláusulas constitucionais frustradas, em sua eficácia, pela inaceitável omissão do Congresso Nacional, impedindo-se, desse modo, que se degrade a Constituição à inadmissível condição subalterna de um estatuto subordinado à vontade ordinária do legislador comum.

Cabe verificar, portanto, neste ponto, se se revela admissível, ou não, na espécie em exame, o remédio constitucional do mandado de injunção.

Como se sabe, o "writ" injuncional tem por função processual específica viabilizar o exercício de direitos, liberdades e prerrogativas diretamente outorgados pela própria Constituição da República, em ordem a impedir que a inércia do legislador comum frustre a eficácia de situações subjetivas de vantagem reconhecidas pelo texto constitucional.

Na verdade, o mandado de injunção busca neutralizar as consequências lesivas decorrentes da ausência de regulamentação normativa de preceitos constitucionais revestidos de eficácia limitada, cuja incidência - necessária ao exercício efetivo de determinados direitos neles diretamente fundados - depende, essencialmente, da intervenção concretizadora do legislador.

É preciso ter presente, pois, que o direito à legislação só pode ser invocado pelo interessado, quando também existir - simultaneamente imposta pelo próprio texto constitucional - a previsão do dever estatal de emanar normas legais. Isso significa, portanto, que o direito individual à atividade legislativa do Estado apenas se evidenciará naquelas estritas hipóteses em que o desempenho da função de legislar refletir, por efeito de exclusiva determinação constitucional, uma obrigação jurídica indeclinável imposta ao Poder Público, consoante adverte o magistério jurisprudencial desta Suprema Corte (MI 633/DF, Rel. Min. CELSO DE MELLO).

Desse modo, e para que possa atuar a norma pertinente ao instituto do mandado de injunção, revela-se essencial que se estabeleça, tal como sucede na espécie, a necessária correlação entre a imposição constitucional de legislar, de um lado, e o consequente reconhecimento do direito público subjetivo à legislação, de outro, de tal forma que, presente a obrigação jurídico-constitucional de emanar provimentos legislativos, tornar-se-á possível não só imputar comportamento moroso ao Estado (como já ocorreu, no caso, quando do julgamento do MI 20/DF, Rel. Min. CELSO DE MELLO), mas, o que é muito mais importante ainda, pleitear, junto ao Poder Judiciário, que este dê expressão concreta, que confira efetividade e que faça atuar a cláusula constitucional tornada inoperante por um incompreensível estado de inércia governamental.

O exame dos elementos constantes deste processo evidencia que existe, na espécie em análise, o necessário nexo de causalidade entre o direito subjetivo à legislação, invocado pela parte impetrante, e o dever da União Federal de editar a lei especial a que alude o art. 37, VII, da Carta da República, em contexto que torna plenamente admissível a utilização do "writ" injuncional.

A hipótese versada nos presentes autos refere-se a uma típica situação de desrespeito à Constituição da República, por inércia normativa unicamente imputável ao Congresso Nacional (e, também, ao Presidente da República), eis que - decorridos quase dezenove (19) anos da promulgação da Carta Política - esta, no que concerne ao art. 37, VII, ainda não foi regulamentada, frustrando-se, desse modo, mediante arbitrária omissão, o exercício, pelos servidores públicos civis, do direito de greve.

Na análise da estrutura constitucional do mandado de injunção, impõe-se reconhecer que um dos pressupostos essenciais de sua admissibilidade consiste, precisamente, na "falta de norma regulamentadora", cuja inexistência atua como causa impeditiva do gozo e da prática de determinadas prerrogativas asseguradas pela Carta Política.

Essa situação de lacuna técnica - "ou seja, da ausência de uma norma imprescindível para que outra produza efeitos jurídicos" (MARIA HELENA DINIZ, "Norma Constitucional e seus Efeitos", p. 38, 1989, Saraiva; HANS KELSEN, "Teoria Pura do Direito", vol. 2/111-112, 1962, Coimbra) - constitui requisito condicionante da própria impetrabilidade do mandado de injunção.

A ausência da legislação reclamada pelo texto constitucional efetivamente inviabiliza o exercício, pelos servidores públicos civis, do seu direito de exercer a greve no serviço público.

O dever jurídico de editar a lei em questão revela-se imputável, no caso, ao Congresso Nacional e ao Presidente da República, destinatários específicos da imposição legiferante inscrita no art. 37, VII, da Lei Fundamental, por efeito do que dispõem o art. 48 e o art. 61, § 1º, II, "c", da Constituição.

A análise da presente ação de mandado de injunção, Senhora Presidente, impõe necessárias reflexões em torno do relevantíssimo problema suscitado pela omissão do Estado, decorrente da inércia de suas instituições, quanto à concretização das imposições legiferantes fundadas em cláusulas constitucionais mandatórias, tal como sucede no caso ora em exame, consideradas as próprias observações feitas pelo eminente Relator.

O Plenário do Supremo Tribunal Federal, consciente dos gravíssimos efeitos jurídicos, políticos e sociais que derivam do desrespeito estatal à Constituição da República, quaisquer que possam ser as modalidades de comportamentos inconstitucionais em que haja incidido o Poder Público, teve o ensejo - quando do julgamento da ADI 1.458-MC/DF, Rel. Min. CELSO DE MELLO - de censurar o gesto daqueles, que, por ação ou, como no caso, por omissão, transgridem a supremacia do estatuto constitucional:

"DESRESPEITO À CONSTITUIÇÃO - MODALIDADES DE COMPORTAMENTOS INCONSTITUCIONAIS DO PODER PÚBLICO.

- O desrespeito à Constituição tanto pode ocorrer mediante ação estatal quanto mediante inércia governamental. A situação de inconstitucionalidade pode derivar de um comportamento ativo do Poder Público, que age ou edita normas em desacordo com o que dispõe a Constituição, ofendendo-lhe, assim, os preceitos e os princípios que nela se acham consignados. Essa

conduta estatal, que importa em um facere (atuação positiva), gera a inconstitucionalidade por ação. - Se o Estado deixar de adotar as medidas necessárias à realização concreta dos preceitos da Constituição, em ordem a torná-los efetivos, operantes e exequíveis, abstendo-se, em consequência, de cumprir o dever de prestação que a Constituição lhe impôs, incidirá em violação negativa do texto constitucional. Desse non facere ou non praestare, resultará a inconstitucionalidade por omissão, que pode ser total, quando é nenhuma a providência adotada, ou parcial, quando é insuficiente a medida efetivada pelo Poder Público." (RTJ 162/877-879, Rel. Min. CELSO DE MELLO) Vê-se, pois, que, na tipologia das situações inconstitucionais, inclui-se, também, aquela que deriva do descumprimento, por inércia estatal, de norma impositiva de determinado comportamento atribuído ao Poder Público pela própria Constituição. Cumpre ter presente, bem por isso, a advertência de JORGE MIRANDA ("Manual de Direito Constitucional", tomo II/406 e 409, 2ª ed., 1988, Coimbra Editora), que, ao versar o tema, observa: "Por omissão entende-se a falta de medidas legislativas necessárias, falta esta que pode ser total ou parcial. A violação da Constituição, na verdade, provém umas vezes da completa inércia do legislador e outras vezes da sua deficiente actividade, competindo ao órgão de fiscalização pronunciar-se sobre a adequação da norma legal à norma constitucional.

....

A inconstitucionalidade por omissão não surge apenas por carência de medidas legislativas, surge também por deficiência delas." (grifei) A omissão do Estado - que deixa de cumprir, em maior ou em menor extensão, a imposição ditada pelo texto constitucional - qualifica-se como comportamento revestido da maior gravidade político-jurídica, eis que, mediante inércia, o Poder Público também desrespeita a Constituição, também ofende direitos que nela se fundam e também impede, por ausência (ou insuficiência) de medidas concretizadoras, a própria aplicabilidade dos postulados e princípios da Lei Fundamental. É por essa razão que J. J. GOMES CANOTILHO e VITAL MOREIRA ("Fundamentos da Constituição", p. 46, item n. 2.3.4, 1991, Coimbra Editora), analisando a força normativa da Constituição - e assinalando que a eficácia preponderante e subordinante de suas cláusulas impede o reconhecimento de situações inconstitucionais -, acentuam, na perspectiva da inquestionável preeminência normativa da Carta Política, que:

"(...) tanto se viola a Lei fundamental quando as acções estaduais não estão em conformidade com as suas normas e princípios, como quando os preceitos constitucionais não são 'actuados', dinamizados ou concretizados pelos órgãos que constitucionalmente estão vinculados a fornecerem-lhes operatividade prática. A Constituição impõe-se normativamente, não só quando há uma acção inconstitucional (fazer o que ela proíbe), mas também

quando existe uma omissão inconstitucional (não fazer o que ela impõe que seja feito)." (grifei)

As situações configuradoras de omissão inconstitucional - ainda que se cuide de omissão parcial, derivada da insuficiente concretização, pelo Poder Público, do conteúdo material da norma impositiva fundada na Carta Política - refletem comportamento estatal que deve ser repelido, pois a inércia do Estado qualifica-se, perigosamente, como um dos processos informais de mudança da Constituição, expondo-se, por isso mesmo, à censura do magistério doutrinário (ANNA CÂNDIDA DA CUNHA FERRAZ, "Processos Informais de Mudança da Constituição", p. 230/232, item n. 5, 1986, Max Limonad):

"A inércia caracteriza-se pela não aplicação intencional, provisória mas prolongada, das disposições constitucionais pelos poderes incumbidos de lhes dar cumprimento e execução.

Configura inegável processo de mudança constitucional; embora não altere a letra constitucional, altera-lhe o alcance, na medida em que paralisa a aplicação constitucional. Tal paralisação, não desejada ou prevista pelo constituinte, é de ser tida como inconstitucional.

Afeta, também, o sentido da Constituição. Destinada esta à aplicação efetiva, qualquer obstáculo que se lhe anteponha desvirtua sua finalidade, resultando numa inconstitucionalidade [...]. Por outro lado, indiretamente, a inércia dá causa à ocorrência de outros processos de mutação constitucional. O distanciamento, no tempo, entre a elaboração constitucional e a sua efetiva aplicação, sofre, inexoravelmente, a influência das transformações sociais diuturnas e constantes, de tal sorte que, após uma prolongada dilatação na aplicação do texto, é provável que esta, quando se efetivar, dê à Constituição sentido e significado diversos daqueles acolhidos no momento da formação da norma fundamental.

Como modalidade de mutação constitucional, a inércia é processo pernicioso, que acarreta consequências desastrosas à vida constitucional dos Estados.

De um lado, porque, ao contrário dos demais processos de mutação constitucional, raramente busca adaptar a Constituição à realidade. Na maioria das vezes, serve como instrumento exatamente para evitar tal adaptação.

De outro lado, porque a inércia arrasta consigo a descrença na Constituição." (grifei)

Desse modo, e ante a irrecusável supremacia da Carta Política, revela-se essencial impedir o desprestígio da própria Constituição, seja por ação, seja por omissão dos órgãos, instituições e autoridades da República.

Cabe referir, no ponto, em face de sua inquestionável atualidade, o autorizado magistério de PONTES DE MIRANDA ("Comentários à Constituição de

1967 com a Emenda n. 1, de 1969", tomo I/15-16, 2ª ed., 1970, RT), cuja lição contém grave advertência, que, por ninguém, pode ser ignorada:

"Nada mais perigoso do que fazer-se Constituição sem o propósito de cumpri-la. Ou de só se cumprir nos princípios de que se precisa, ou se entende devam ser cumpridos - o que é pior (...). No momento, sob a Constituição que, bem ou mal, está feita, o que nos incumbe, a nós, dirigentes, juízes e intérpretes, é cumpri-la. Só assim saberemos a que serviu e a que não serviu, nem serve. Se a nada serviu em alguns pontos, que se emende, se reveja. Se em algum ponto a nada serve - que se corte nesse pedaço inútil. Se a algum bem público desserve, que pronto se elimine. Mas, sem na cumprir, nada saberemos. Nada sabendo, nada poderemos fazer que mereça crédito. Não a cumprir é estrangulá-la ao nascer." (grifei)

É preciso proclamar que as Constituições consubstanciam ordens normativas cuja eficácia, autoridade e valor não podem ser afetados ou inibidos pela voluntária inação ou por ação insuficiente das instituições estatais. Não se pode tolerar que os órgãos do Poder Público, descumprindo, por inércia e omissão, o dever de emanação normativa que lhes foi imposto, infrinjam, com esse comportamento negativo, a própria autoridade da Constituição e afetem, em consequência, o conteúdo eficacial dos preceitos que compõem a estrutura normativa da Lei Maior.

A inércia estatal em adimplir as imposições constitucionais traduz inaceitável gesto de desprezo pela autoridade da Constituição e configura, por isso mesmo, comportamento que deve ser evitado, pois nada mais nocivo, perigoso e ilegítimo do que elaborar uma Constituição, sem a vontade de fazê-la cumprir integralmente, ou, então, de apenas executá-la com o propósito subalterno de torná-la aplicável somente nos pontos que se revelarem convenientes aos desígnios dos governantes, em detrimento dos interesses maiores dos cidadãos.

O grande publicista do Império, JOSÉ ANTÔNIO PIMENTA BUENO, Marquês de São Vicente - que compôs a primeira turma acadêmica que se graduou na Faculdade de Direito do Largo de São Francisco (São Paulo) - teve, já no século XIX, a exata percepção da gravidade e das consequências lesivas, derivadas do gesto infiel do Poder Público que transgride, por omissão ou por insatisfatória concretização de seu dever político-jurídico, os encargos de que se tornou depositário, por efeito de expressa determinação constitucional.

PIMENTA BUENO, em obra clássica de nossa literatura constitucional, publicada em 1857 ("Direito Público Brasileiro e Análise da Constituição do Império", p. 45, reedição do Ministério da Justiça, 1958), ao cuidar do tema referente ao desenvolvimento da Constituição e à realização dos compromissos nela estabelecidos, assim se pronunciou: "Convém, e é justo contar sempre com a razão pública, desenvolver o sistema constitucional, não parar na inação, promover a confecção das leis, das instituições, dos melhoramentos necessários (...), isto é, deduzir as consequências lógicas das promessas constitucionais, para que não permaneçam só em letras mortas." (grifei)

Também ANNA CÂNDIDA DA CUNHA FERRAZ ("Processos Informais de Mudança da Constituição", p. 217/218, 1986, Max Limonad), em precisa análise dos graves efeitos decorrentes da inércia do Estado, no plano constitucional, adverte:

"A Constituição, obra de um Poder mais alto, solenemente promulgada, destina-se a ser efetivamente observada, cumprida e aplicada (...). E, com efeito, se se aceita a Constituição como obra de compromisso posta pelos constituintes no exercício do Poder Constituinte Originário, que lhes é conferido pelo povo, é de se esperar que a Constituição escrita seja aplicada plenamente, em especial pelos detentores dos poderes constituídos - Legislativo, Executivo e Judiciário - que, em regra, são titulados, pelo Constituinte, guardiães da Constituição." (grifei) Perfilha o mesmo entendimento, de repulsa à "inatividade consciente na aplicação da Constituição" (Anna Cândida da Cunha Ferraz, op. loc. cit.), o ilustre Professor JOSÉ AFONSO DA SILVA, para quem não basta "ter uma Constituição promulgada e formalmente vigente; impende atuá-la, completando-lhe a eficácia, para que seja totalmente cumprida" ("Aplicabilidade das Normas Constitucionais", p. 226, item n. 4, 3ª ed., 1998, Malheiros - grifei).

O comportamento negativo dos poderes constituídos - que deixam de editar normas regulamentadoras do texto constitucional, previstas, em cláusula mandatória, na própria Constituição - torna inviável, numa típica e perversa relação de causa e efeito, o exercício de direitos, liberdades e prerrogativas assegurados, às pessoas, pelo estatuto fundamental.

O desprestígio da Constituição - por inércia de órgãos meramente constituídos - representa um dos mais graves aspectos da patologia constitucional, pois reflete inaceitável desprezo, por parte das instituições governamentais, da autoridade suprema da Lei Fundamental do Estado. Essa constatação, feita por KARL LOEWENSTEIN ("Teoria de la Constitución", p. 222, 1983, Ariel, Barcelona), coloca em pauta o fenômeno da erosão da consciência constitucional, motivado pela instauração, no âmbito do Estado, de um preocupante processo de desvalorização funcional da Constituição escrita, como já ressaltado, por esta Suprema Corte, em diversos julgamentos (ADI 1.484/DF, Rel. Min. CELSO DE MELLO, v.g.), como resulta da seguinte decisão, consubstanciada em acórdão assim ementado:

"A TRANSGRESSÃO DA ORDEM CONSTITUCIONAL PODE CONSUMAR-SE MEDIANTE AÇÃO (VIOLAÇÃO POSITIVA) OU MEDIANTE OMISSÃO (VIOLAÇÃO NEGATIVA).

- O desrespeito à Constituição tanto pode ocorrer mediante ação estatal quanto mediante inércia governamental. A situação de inconstitucionalidade pode

derivar de um comportamento ativo do Poder Público, seja quando este vem a fazer o que o estatuto constitucional não lhe permite, seja, ainda, quando vem a editar normas em desacordo, formal ou material, com o que dispõe a Constituição. Essa conduta estatal, que importa em um facere (atuação positiva), gera a inconstitucionalidade por ação.

- Se o Estado, no entanto, deixar de adotar as medidas necessárias à realização concreta dos preceitos da Constituição, abstendo-se, em consequência, de cumprir o dever de prestação que a própria Carta Política lhe impôs, incidirá em violação negativa do texto constitucional. Desse non facere ou non praestare, resultará a inconstitucionalidade por omissão, que pode ser total (quando é nenhuma a providência adotada) ou parcial (quando é insuficiente a medida efetivada pelo Poder Público). Entendimento prevalecente na jurisprudência do Supremo Tribunal Federal: RTJ 162/877-879, Rel. Min. CELSO DE MELLO (Pleno).

- A omissão do Estado - que deixa de cumprir, em maior ou em menor extensão, a imposição ditada pelo texto constitucional - qualifica-se como comportamento revestido da maior gravidade político-jurídica, eis que, mediante inércia, o Poder Público também desrespeita a Constituição, também ofende direitos que nela se fundam e também impede, por ausência (ou insuficiência) de medidas concretizadoras, a própria aplicabilidade dos postulados e princípios da Lei Fundamental.

DESCUMPRIMENTO DE IMPOSIÇÃO CONSTITUCIONAL LEGIFERANTE E DESVALORIZAÇÃO FUNCIONAL DA CONSTITUIÇÃO ESCRITA.

- O Poder Público - quando se abstém de cumprir, total ou parcialmente, o dever de legislar, imposto em cláusula constitucional, de caráter mandatório - infringe, com esse comportamento negativo, a própria integridade da Lei Fundamental, estimulando, no âmbito do Estado, o preocupante fenômeno da erosão da consciência constitucional (ADI 1.484-DF, Rel. Min. CELSO DE MELLO).

- A inércia estatal em adimplir as imposições constitucionais traduz inaceitável gesto de desprezo pela autoridade da Constituição e configura, por isso mesmo, comportamento que deve ser evitado. É que nada se revela mais nocivo, perigoso e ilegítimo do que elaborar uma Constituição, sem a vontade de fazê-la cumprir integralmente, ou, então, de apenas executá-la com o propósito subalterno de torná-la aplicável somente nos pontos que se mostrarem ajustados à conveniência e aos desígnios dos governantes, em detrimento dos interesses maiores dos cidadãos.

DIREITO SUBJETIVO À LEGISLAÇÃO E DEVER CONSTITUCIONAL DE LEGISLAR: A NECESSÁRIA EXISTÊNCIA DO PERTINENTE NEXO DE CAUSALIDADE.

- O direito à legislação só pode ser invocado pelo interessado, quando também existir - simultaneamente imposta pelo próprio texto constitucional - a previsão do dever estatal de emanar normas legais. Isso significa que o direito individual à atividade legislativa do Estado apenas se evidenciará naquelas estritas hipóteses em que o desempenho da função de legislar refletir, por efeito de exclusiva determinação constitucional, uma obrigação jurídica indeclinável imposta ao Poder Público.

Para que possa atuar a norma pertinente ao instituto do mandado de injunção, revela-se essencial que se estabeleça a necessária correlação entre a imposição constitucional de legislar, de um lado, e o consequente reconhecimento do direito público subjetivo à legislação, de outro, de tal forma que, ausente a obrigação jurídico-constitucional de emanar provimentos legislativos, não se tornará possível imputar comportamento moroso ao Estado, nem pretender acesso legítimo à via injuncional. Precedentes [...]."

(RTJ 183/818-819, Rel. Min. CELSO DE MELLO, Pleno) Em suma, Senhora Presidente, as considerações que venho de fazer somente podem levar-me ao reconhecimento de que não mais se pode tolerar, sob pena de fraudar-se a vontade da Constituição, esse estado de continuada, inaceitável, irrazoável e abusiva inércia do Congresso Nacional, cuja omissão, além de lesiva ao direito dos servidores públicos civis – a quem se vem negando, arbitrariamente, o exercício do direito de greve, já assegurado pelo texto constitucional -, traduz um incompreensível sentimento de desapreço pela autoridade, pelo valor e pelo alto significado de que se reveste a Constituição da República.

Daí a importância da solução preconizada pelos eminentes Ministros EROS GRAU (MI 712/PA) e GILMAR MENDES (MI 670/ES), cuja abordagem do tema ora em exame não só restitui ao mandado de injunção a sua real destinação constitucional, mas, em posição absolutamente coerente com essa visão, dá eficácia concretizadora ao direito de greve em favor dos servidores públicos civis. Por tais razões, Senhora Presidente, peço vênia para acompanhar os doutos votos dos eminentes Ministros EROS GRAU (MI 712/PA) e GILMAR MENDES (MI 670/ES), em ordem a viabilizar, desde logo, nos termos e com as ressalvas e temperamentos preconizados por Suas Excelências, o exercício, pelos servidores públicos civis, do direito de greve, até que seja colmatada, pelo Congresso Nacional, a lacuna normativa decorrente da inconstitucional falta de edição da lei especial a que se refere o inciso VII do art. 37 da Constituição da República. É o meu voto." Com base nos pronunciamentos do STF a respeito da matéria, podem ser apontadas as seguintes teorias sobre os efeitos do mandado injuntivo:

1. *Teoria não-concretista*: predominou, durante muitos anos, no STF. Segundo ela, ao Poder Judiciário caberia, apenas, o reconhecimento da inércia do Poder Legislativo, com a consequente comunicação ao órgão competente para a elaboração da norma regulamentadora imprescindível à executoriedade do

preceito constitucional. Estava na base dessa teoria a declaração de que qualquer tentativa de o Poder Judiciário preencher a lacuna legislativa implicaria violação ao princípio constitucional da separação dos poderes (CF, art. 2.º).

2. *Teoria concretista geral*: foi adotada em algumas decisões do Supremo Tribunal Federal (MI ns. 670, 708 e 712). Sustentava que diante da ausência de norma regulamentadora cumpriria ao Poder Judiciário suprir a lacuna. Assim sendo, o Judiciário regularia a omissão em caráter geral, com o que, além de tornar viável o exercício do direito pelo impetrante do mandado injuntivo, estenderia os efeitos a todos aqueles em idêntica situação (efeito *erga omnes*).

3. *Teoria concretista individual*: Vinha sendo, também, adotada pelo STF em algumas situações (ex.: MI n. 721). Segundo esta corrente, diante da lacuna o Poder Judiciário deveria criar a regulamentação para o caso específico. Dessa maneira, a decisão viabilizaria o exercício do direito apenas pelo impetrado, uma vez que a decisão teria efeitos somente entre as partes.

4. *Teoria concretista intermediária*: Foi produto da fusão da teoria não concretista com a teoria concretista individual. Entendia que o Poder Judiciário, em um primeiro momento, teria o dever de limitar-se a declarar a omissão ao órgão responsável pela elaboração da norma regulamentadora, fixando-lhe prazo para suprimento da lacuna. Expirado o prazo fixado pelo Poder Judiciário, este ficaria autorizado a suprir a lacuna para o caso concreto, ou seja, somente para o impetrante do mandado de injunção.

A tendência do STF era definir-se pela teoria concretista *individual*. Quanto a nós, perfilhamos a teoria concretista *geral*.

Pois bem. Ulteriormente a todos esses intensos embates doutrinários e jurisprudenciais a respeito do assunto, dá-se a lume a Lei n. 13.300/2016, cujos arts. 8.º e 9.º põem fim à cinca:

Art. 8º Reconhecido o estado de mora legislativa, será deferida a injunção para:

I - determinar prazo razoável para que o impetrado promova a edição da norma regulamentadora;

II - estabelecer as condições em que se dará o exercício dos direitos, das liberdades ou das prerrogativas reclamados ou, se for o caso, as condições em que poderá o interessado promover ação própria visando a exercê-los, caso não seja suprida a mora legislativa no prazo determinado.

Parágrafo único. Será dispensada a determinação a que se refere o inciso I do ***caput*** *quando comprovado que o impetrado deixou de atender, em mandado de injunção anterior, ao prazo estabelecido para a edição da norma.*

Art. 9º A decisão terá eficácia subjetiva limitada às partes e produzirá efeitos até o advento da norma regulamentadora.

§ 1º Poderá ser conferida eficácia ultra partes ou erga omnes à decisão, quando isso for inerente ou indispensável ao exercício do direito, da liberdade ou da prerrogativa objeto da impetração.

§ 2º Transitada em julgado a decisão, seus efeitos poderão ser estendidos aos casos análogos por decisão monocrática do relator.

§ 3º O indeferimento do pedido por insuficiência de prova não impede a renovação da impetração fundada em outros elementos probatórios.

g) Limites subjetivos do pronunciamento injuntivo

O ato injuntivo pode ser pleiteado nos casos concretos (incidentalmente), ou apenas mediante ação direta, ou seja, em tese?

Notou-se uma tendência de determinado segmento doutrinal em adotar a primeira solução. Com isso, o interessado poderia solicitar ao Poder Judiciário um pronunciamento com efeito regulamentador da regra constitucional em que se fundam os pedidos formulados na ação (condenatória, constitutiva, declaratória).

Essa corrente de pensamento ficou, no entanto, a dever-nos uma explicação suasória diante do fato de a própria Constituição Federal haver introduzido o conhecimento da ação injuntiva na competência originária e privativa do Supremo Tribunal Federal, sempre que a elaboração da norma regulamentadora estivesse a cargo do Congresso Nacional, da Câmara dos Deputados ou do Senado Federal (art. 102, I, "*q*").

Mesmo nos casos concretos, que se encontravam no Excelso Pretório, em grau de recurso, ao tempo em que entrou a viger a atual Constituição, não se poderia solicitar o "mandado", pois os pedidos deduzidos na ação se encontravam baseados em direitos materiais previstos na Carta revogada.

Em suma, sendo da competência originária do Supremo Tribunal Federal o conhecimento das ações de injunção destinadas a tornar possível o exercício dos assim chamados direitos sociais, não atinamos como se poderia chegar à mais alta Corte de Justiça do País, com esse objetivo, a não ser por meio de ação direta.

A Lei n. 13.300/2016 não conflita com esse nosso entendimento.

2. *Habeas data*

Segundo o inciso LXXII, do art. 5.º, da Constituição, o *habeas data* será concedido para: a) assegurar o conhecimento de informações relativas à pessoa do solicitante, constantes de registros ou de bancos de dados de entidades governamentais ou de caráter público; b) a retificação de dados, quando o interessado não preferir fazê-lo por processo sigiloso, judicial ou administrativo.

Nos termos do parágrafo único da Lei n. 9.507, de 12 de novembro de 1997, que regula o direito de acesso à informação e disciplina o rito processual do *habeas data*, "*Considera-se de caráter público todo registro ou banco de dados contendo informações que sejam ou que possam ser transmitidas a terceiros ou que não sejam de uso privativo do órgão ou entidade produtora ou depositária das informações"*.

O pressuposto para o exercício da ação de *habeas data* é a recusa no fornecimento de informações, por parte de quem as deveria prestar. Por isso, estabelece a Súmula n. 2, do STJ: *"Não cabe o habeas data (CF 5.º LXXII) se não houver recusa de informações por parte da autoridade administrativa"*. Inexistindo essa recusa, o autor deverá ser declarado carecedor da ação, por falta do indispensável interesse processual (CPC, art. 17), com a consequente extinção do processo sem pronunciamento acerca do mérito (CPC, art. 485, inciso VI).

Do mesmo modo que o mandado de segurança coletivo e o "mandado" de injunção, o *habeas data* traduz criação do texto constitucional de 1988.

Terminológica e ideologicamente inspirado no *habeas corpus*, o instituto em foco representa característica e importante expressão do Estado de Direito.

Quando dissemos que o *habeas data* constituía criação da Constituição Federal vigente, tínhamos em mente o instituto em si, pois igualmente nos textos constitucionais do passado se assegurava ao indivíduo o direito de obter informações pertinentes à sua pessoa, constantes de registros ou de arquivos de órgãos do governo. A Constituição de 1934, por exemplo, estabelecia: "*A lei assegurará o rápido andamento dos processos nas repartições públicas, a comunicação aos interessados dos despachos proferidos, assim como das informações a que estes se refiram*" (ressaltamos). Esse direito público subjetivo de obter informações foi eliminado pela Carta outorgada em 1937. A Constituição de 1946, entretanto, o restabeleceu, como demonstra o seu art. 141, § 36, inciso II, segundo o qual a lei deveria assegurar a ciência aos interessados dos despachos e das informações a que a eles se referissem. Regra semelhante foi reproduzida pela Constituição de 1967, com a Emenda n. 1, de 1969: "*a lei assegurará a expedição de certidões requeridas às repartições administrativas, para defesa de direitos e esclarecimentos de situações*" (art. 153, § 35).

O grande mérito da Constituição de 1988 foi não somente o de criar um instituto específico para assegurar ao indivíduo a obtenção de informações constantes de registros ou de bancos de dados de entidades governamentais (ou de caráter público), que lhe digam respeito, ou a retificação desses dados, mas, também, o de explicitar a finalidade desse instituto — finalidade que se achava envolta numa certa penumbra nas Constituições antecedentes.

Em traços gerais, o *habeas data* apresenta, em nosso sistema constitucional, as seguintes características:

a) instrumento constitucional destinado a permitir ao indivíduo o conhecimento de dados e registros relativos à sua pessoa, existentes em repartições públicas, ou de caráter público, assim como a retificação desses registros;

b) sua natureza jurídica é de ação civil especial, com rito sumário, sendo regida pela Lei n. 9.507/1997;

c) em princípio, toda pessoa possui legitimidade e interesse para promover a ação de *habeas data;*

d) as informações deverão ser prestadas, e as retificações efetuadas ou anotações pela autoridade competente, no prazo que lhe for fixado, sob pena de crime de responsabilidade (Lei n. 9.507/1997, art. 13, I e II);

e) a entidade governamental, ou de caráter público, poderá deixar de prestar as informações, ou de proceder às retificações, se o sigilo for indispensável à segurança do Estado e da sociedade (basta imaginar a possibilidade de um espião estrangeiro estar pretendendo obter informações sobre a sua pessoa, perante o governo brasileiro);[(30)]

f) o pedido de *habeas data* pode ser renovado se a decisão denegatória não lhe apreciar o mérito (Lei n. 9.507/1997, art. 18);

g) os processos de *habeas data* terão prioridade sobre todos os atos judiciais, excetuados o *habeas corpus* e o mandado de segurança (*ibidem*, art. 19).

h) são gratuitos o procedimento administrativo para acesso à informação e retificação de dados e para anotação de justificação, assim como a ação de *habeas data* (*ibidem*, art. 21).

É oportuno observar que o inciso IV, do art. 114, da Constituição Federal, com a redação determinada pela Emenda n. 45/2004, atribuiu competência à Justiça do Trabalho para processar e julgar ação de *habeas dat*a, nos casos em que o ato questionado envolver matéria sujeita a essa jurisdição especializada.

3. *Habeas corpus*

O *habeas corpus* é instituto que se encontra incorporado ao nosso ordenamento jurídico desde o século passado. Sobre ele dispunha, *e.g.*, a Constituição Federal de 1891: "*Dar-se-ha o habeas corpus sempre que o individuo soffrer ou se achar em imminente perigo de soffrer violencia, ou coacção, por ilegalidade ou abuso de poder*".

É compreensível, por esse motivo, a larga influência que esse instituto exerceu no espírito daqueles juristas que, já nos albores do século atual, se preocupavam em encontrar um remédio jurídico capaz de possibilitar ao indivíduo a defesa de seus direitos lesados, ou ameaçados de lesão, por ato ilegal de autoridade —

---

(30) José Cretella Júnior. *Os writs na Constituição de 1988*, Rio de Janeiro: Forense, 1989, p. 122.

direitos que não estivessem abrangidos pelo campo de atuação do *habeas corpus*. Sempre se alvitrou que o procedimento desse remédio fosse o do *habeas corpus*. A própria Constituição Federal de 1934 estabelecia que "*O processo será o mesmo do habeas corpus, devendo sempre ser ouvida a pessoa de direito público interessada*" (art. 113, n. 33).

No texto da mesma Constituição supracitada ficou patenteado que o *habeas corpus* visava a proteger a liberdade de locomoção ("*soffrer violencia ou coacção em sua liberdade*", segundo o art. 113, n. 23), cuja finalidade ainda é a marca desse instituto nas legislações da atualidade.

Podemos afirmar, portanto, que, hoje, à exceção do direito de locomoção (ir e vir) todos os demais são amparados pelo mandado de segurança, não se justificando, em face disso, a utilização de um instituto por outro, como ocorre, *v. g.*, quando o indivíduo, ao sofrer violação do direito assegurado pelo art. 5.º, inciso LVIII, da Constituição (não ser submetido à identificação criminal quando possuir identidade civil), se vale do *habeas corpus* e não do mandado de segurança, que seria o remédio adequado, em virtude de sua destinação constitucional.

O inciso IV, do art. 114, da Constituição de 1988 (com a redação imposta pela Emenda n. 45/2004) atribui competência à Justiça do Trabalho para apreciar pedido de *habeas corpus* "*quando o ato questionado envolver matéria sujeita à sua jurisdição*".

Todavia, o STF, na ADI n. 3.684-0 (DJU de 3-8-2007), concedeu medida liminar, com efeito *ex tunc*, para dar interpretação conforme à Constituição, decidindo que "*o disposto no art. 114, incs. I, IV e IX, da Constituição da República, acrescidos pela Emenda Constitucional n. 45, não atribui à Justiça do Trabalho competência para processar e julgar ações penais*".

Estamos plenamente de acordo com essa decisão do STF.

4. Ação popular

Na Constituição Federal de 1967, com a Emenda n. 1/69, a ação popular se destinava à anulação de atos "*lesivos ao patrimônio de entidades públicas*" (art. 153, § 31). A atual, todavia, elasteceu o campo de incidência dessa ação ao dizer que ela visa à anulação de ato lesivo não só ao patrimônio público, ou de que o Estado participe, mas, "à moralidade administrativa, ao meio ambiente e ao patrimônio histórico e cultural" (art. 5.º, inciso LXXIII), esclarecendo, ainda, que o autor ficará isento do pagamento de custas e do ônus da sucumbência (*ibidem*).

Parte legítima para fazer uso dessa ação — dita, por isso mesmo, popular — é qualquer cidadão (*quisque de populo*), entendido este como todo indivíduo dotado de capacidade política, de exercer direitos ativos e passivos (votar e ser votado, respectivamente).

Não age o indivíduo, aí, em defesa de direitos ou interesses pessoais, particulares, e sim da coletividade.

Do ponto de vista dos estritos objetivos deste livro, não nos interessa empreender uma investigação aprofundada acerca de alguns conceitos que toquem a essa ação (como os de patrimônio público, de entidade de que o Estado participe, de moralidade administrativa, de meio ambiente, de patrimônio histórico e cultural etc.), mas, sim, cotejá-la com a de mandado de segurança, a fim de precisar, de delimitar a esfera de atuação de uma e de outra, vale dizer, de identificar o elemento teleológico que as particulariza.

O *mandamus* é remédio reservado à proteção de direito líquido e certo, não amparado por *habeas corpus*; será coletivo o mandado de segurança quando o direito a ser protegido disser respeito a um grupo de pessoas vinculadas por interesses comuns (categorias, comunidades etc.). Já a ação popular tende à tutela de interesses coletivos. Laborou em erro, por isso, o douto Celso Agrícola Barbi ao afirmar que, com a nova Constituição, os direitos coletivos passaram a ter duas vias processuais de proteção asseguradas: a do mandado de segurança e a da ação popular.(31) Não percebeu, o citado jurista, pois, que o móvel da ação popular é o *interesse*, não o *direito* subjetivo. Mesmo no mandado de segurança coletivo, o que há para proteger é o direito (líquido e certo), em que pese à circunstância de o art. 5.º, inc. LXX, *b*, da Constituição Federal, fazer equivocada alusão a *interesses*. Só há interesse, em mandado de segurança, como condição da ação (CPC, art. 17), nunca como objeto da tutela que se pretende obter.

Logo, não se interpenetram os campos do mandado de segurança coletivo e da ação popular.

5. Ação civil pública

Instituída pela Lei n. 7.347, de 24 de julho de 1985, a ação civil pública, sem prejuízo da ação popular, se destina a evitar danos ao meio ambiente, ao consumidor, a bens e direitos de valor artístico, estético, histórico, turístico e paisagístico (art. 1.º, incisos I a III). Ela poderá ter como objeto a condenação em dinheiro ou o cumprimento de obrigação de fazer ou não fazer (art. 3.º), valendo observar que, no primeiro caso, a indenização pelo dano causado reverterá a um fundo administrado por um Conselho Federal ou por Conselhos Estaduais de que participarão, necessariamente, o Ministério Público e representantes da comunidade, sendo seus recursos dirigidos à reconstituição dos bens lesados (art. 13).

---

(31) *Proteção processual dos direitos fundamentais*. Ajuris, 43:153.

O Ministério Público do Trabalho possui, em abstrato, por força da Lei Complementar n. 75, de 20-5-1993, art. 83, inciso III, legitimidade para promover Ações Civis Públicas, no âmbito da Justiça do Trabalho, visando à defesa de interesses coletivos. Essa legitimidade alcança, também, os direitos individuais homogêneos. Em tais situações, o *Parquet* atua na qualidade de substituto processual dos titulares dos direitos ou interesses a serem defendidos em juízo.

Por outro lado, nos termos da Lei n. 7.347/1985, a Ação Civil Pública se destina a tutelar direitos ou interesses difusos ou coletivos – e, ainda, individuais homogêneos, *ex vi* do disposto no art. 81, da Lei n. 8.078, de 11-9-1990 (Código de Defesa do Consumidor), aplicável, em caráter supletivo, à sobredita Lei da Ação Civil Pública (art. 21).

A Lei n. 8.078/1990 (CDC), por sua vez, no art. 81, conceitua como interesses ou direitos: a) *difusos,* os transindividuais, de natureza indivisível, de que sejam titulares pessoas indeterminadas e ligadas por circunstâncias de fato (inciso I); b) *coletivos,* os transindividuais, de natureza indivisível, de que seja titular grupo, categoria ou classe de pessoas ligadas entre si ou com a parte contrária por uma relação jurídica básica (inciso II); c) *individuais homogêneos,* os decorrentes de origem comum (inciso III).

Revolucionando os princípios concernentes à coisa julgada material, estabelecia o art. 16 da Lei em exame que a sentença civil faria coisa julgada *erga omnes, "exceto se a ação for julgada improcedente (sic) por deficiência de provas, hipótese em que qualquer legitimado poderá intentar outra ação com idêntico fundamento, valendo-se de nova prova"* (grifei).

Por força da Lei n. 9.494, de 10 de setembro de 1997, entretanto, a redação do art. 16, da Lei n. 7.347/1985, passou a ser a seguinte: *"A sentença civil fará coisa julgada 'erga omnes', nos limites da competência territorial do órgão prolator, exceto se o pedido for julgado improcedente por insuficiência de provas (...)".* Grifei.

Não se trata aqui, em rigor, de um problema de jurisdição ou de competência, como se possa imaginar, e sim de fixação dos limites subjetivos da coisa julgada material.

Portanto, em decorrência da nova redação da norma legal, a eficácia da coisa julgada, ainda que continue a ser *erga omnes,* ficou circunscrita, subjetivamente, aos limites territoriais da jurisdição do órgão emissor da correspondente sentença.

Conforme escreveu José dos Santos Carvalho Filho: *"Criou-se, desse modo, limitação territorial de eficácia da res iudicata, visto que a referência na lei é agora à competência territorial do órgão prolator. Logicamente que se a eficácia abrange a competência territorial do órgão jurisdicional que proferiu a decisão, não poderá ser invocada a coisa julgada em ação que tenha curso em órgão jurisdicional dotado de competência territorial diversa. "[...] o legislador, na verdade, criou sentença de caráter normativo, vale dizer, aquela cuja eficácia vai alcançar não somente as partes no processo, mas toda a coletividade abrangida nos limites territoriais do órgão prolator da decisão, tal como se fosse uma regra emitida pelo Legislativo, de cunho geral, abstrato e impessoal"*. ("Ação Civil Pública", 2.ª ed., Rio de Janeiro: Lúmen Júris, 1999, pág. 377). Grifei.

Esse é, também, o pensamento de Francisco Antonio de Oliveira: "*Com a edição da Lei n. 9.494, de 10.09.1997, limitando os efeitos da coisa julgada à base territorial do prolator da decisão, estará também limitada a coletividade difusa, caso os efeitos danosos se alavanquem para outras localidades*" ("Ação Civil Pública – Enfoques Trabalhistas", São Paulo: Editora Revista dos Tribunais, 1999, pág. 208). Grifei.

Não há, mais, portanto, a antiga projeção da eficácia da coisa julgada material para além desses lindes territoriais do órgão jurisdicional prolator da sentença.

Por outro lado, o art. 502, do CPC, nos fornece o conceito de coisa julgada material como sendo: "a autoridade que torna imutável e indiscutível a decisão de mérito não mais sujeita a recurso".

5.1. A questão da Lei n. 7.853, de 24 de outubro de 1989

Poder-se-ia alegar, em objeção à conclusão que acabamos de extrair, ser inaplicável ao caso concreto a nova regra do art. 16 da Lei n. 7.347/1985 (ACP), ao argumento de que a espécie seria regida pela da Lei n. 7.853, de 24 de outubro de 1989, cujo art. 4.º não condiciona a eficácia *erga omnes* da coisa julgada aos limites jurisdicionais do órgão emissor da sentença. Diante disso, devemos dizer, com finalidade proléptica, que uma tal objeção não haveria de prosperar, por algumas razões.

Em primeiro lugar, cumpre-nos observar que o art. 7.º da Lei n. 7.853/1989 determina a aplicação, no que couber, em caráter supletivo, das disposições da Lei n. 7.347/1985. Em segundo – e, acima de tudo –, a redação do art. 4.º da Lei n. 7.853/1989 foi tomado, literalmente, por empréstimo ao art. 16 da Lei n. 7.347/1985 (que é anterior àquela), em sua redação primitiva, com o escopo de estabelecer uma absolutamente necessária simetria quanto à eficácia *erga omnes* da *res iudicata*, relativamente aos dois textos legais, considerando-se que ambos se ocupam da ação civil pública.

Esta última nótula é de extrema importância, por chamar a atenção ao fato de que a alteração imposta ao art. 16 da Lei n. 7.347/1985, pela Lei n. 9.494/1997, deve repercutir na interpretação do art. 4.º da Lei n. 7.853/1989, em nome na mesma necessidade de homogeneização da matéria que levou, no passado, este último dispositivo legal a traduzir-se numa reprodução, praticamente literal, daquele. Assim, a questão deve ser resolvida cartesianamente sob a perspectiva de uma relação direta entre causa e efeito: sendo a causa a Lei n. 7.347/1985 (art. 16), e o efeito a Lei n. 7.853/1989 (art. 4.º), modificada aquela, modificada ficará, *ipso facto*, este.

Em face dessas razões, torna-se inevitável a conclusão de que também no sistema da Lei n. 7.853/1989 a eficácia *erga omnes* da coisa julgada material (art. 4.º) fica restrita aos limites da competência territorial do órgão emissor da sentença.

Não vem ao caso analisar, neste momento, quais foram as razões determinantes da alteração imposta no art. 16 da Lei n. 7.347/1985 (ACP); nem se esta foi boa ou má; se implicou um retrocesso, ou não, e o mais. O certo é que estamos sob a vigência de uma nova ordem legal, que a todos subordina, inclusive, aos intérpretes do art. 4.º da Lei n. 7.853/1989. Não se desconhece que essa alteração haverá de provocar um acentuado número de demandas, pois terão de ser propostas tantas Ações Civis Públicas – tendo a mesma causa de pedir e os mesmos pedidos – quantos forem os limites territoriais em que se situam os titulares de interesses difusos ou coletivos contrariados Essa modificação legislativa incentivou, portanto, a "atomização" das demandas, quando, talvez, o ideal fosse o contrário: estimular a "molecularização" dos conflitos de interesses. Seja como for, bem ou mal, *legem habemus*.

Francisco Antonio de Oliveira comunga de nossa opinião, como demonstram estas suas palavras: "*com o advento da Lei 9.494/97, que deu nova redação ao art. 16 da Lei 7.347/85, a decisão proferida somente fará coisa julgada erga omnes nos limites da competência territorial do órgão prolator. O que significa que, se o dano lançar reflexos em outras bases territoriais [...], deverão ser ajuizadas tantas ações quantas forem as bases territoriais, com possibilidade de decisões conflitantes*" ("Ação Civil Pública...", pág. 212). Grifei.

Essa definição dos limites subjetivos da coisa julgada material é realizada, pois, *secundum eventum litis* (segundo o resultado do julgamento) e se torna imprescindível para evitar que os efeitos do pronunciamento jurisdicional se projetem por sobre os limites territoriais do órgão que os realizou.

O que justifica o exercício da ação civil pública são os denominados interesses difusos, que, entretanto, não se confundem com os interesses coletivos. Aqueles — na lição de Ada Pellegrini Grinover — são "*comuns a uma coletividade de pessoas e a elas somente, quando exista um vínculo jurídico entre os componentes do grupo: a sociedade mercantil, o condomínio, a família, os entes profissionais, o próprio sindicato dão margem ao surgir de interesses comuns, nascidos em função de uma relação, base que une os membros das respectivas comunidades e que, não se confundindo com os interesses estritamente individuais de cada sujeito, permite sua identificação. Por interesses propriamente difusos, entendem-se aqueles que, não se fundando em um vínculo jurídico, baseiam-se sobre dados de fatos genéricos e contingentes, acidentais e mutáveis: como habitar na mesma região, consumir iguais produtos, viver em determinadas circunstâncias sócio-econômicas, submeter-se a particulares empreendimentos*".(32)

---

(32) *Ações coletivas para a tutela do ambiente e dos consumidores*. Ajuris, 36:7.

CAPÍTULO V

AÇÃO DE MANDADO DE SEGURANÇA

1. Conceito

A doutrina brasileira é exuberante em conceitos acerca do remédio jurídico em exame; à guisa de ilustração, colhem-se os seguintes: *"é uma ação judiciária concedida ao titular de direito líquido e certo, ameaçado ou violado por ilegalidade ou abuso de poder"*;[33]*"garantia constitucional de direitos individuais, remédio constitucional que visa a proteger categoria especial de Direito Público Subjetivo. Garantia constitucional civil, remédio de Direito Constitucional, para os males da prepotência. Tem por objeto a correção de atos: ato comissivo ou omissivo de autoridade, desde que ilegal e abusivo do poder. Qualquer ato de autoridade, pois, ilegal ou abusivo de poder, violador de direito líquido e certo, não amparado por habeas corpus"*;[34] *"ação civil, de rito sumaríssimo, destinada a suscitar o controle jurisdicional sobre ato de qualquer autoridade que, por sua ilegalidade ou abuso de poder, viole ou ameace direito individual líquido e certo"*;[35]*"remédio judicial que tem como objeto corrigir a atividade administrativa ilegal ou abusiva;*[36]; *"o meio constitucional posto à disposição de toda pessoa física ou jurídica, órgão com capacidade processual, ou universalidade reconhecida por lei, para a proteção de direito individual, próprio, líquido e certo, não amparado por habeas corpus, lesado ou ameaçado de lesão por ato de autoridade, seja de que categoria for e sejam quais forem as funções que exerça"*;[37]*"ação civil de conhecimento, de rito sumaríssimo, pela qual todo aquele que, por ilegalidade ou abuso de poder, proveniente de autoridade pública, ou agente de pessoa jurídica no exercício de atribuições do poder público, sofra violação de direito liquido e certo, não amparado por habeas corpus, ou habeas data, ou tenha justo receio de sofrê-la, tem o direito de suscitar o controle jurisdicional do ato ilegal editado, ou a remoção da ameaça coativa, a fim de que se devolva, in natura, ao interessado aquilo que o ato lhe ameaçou tirar ou tirou"*;[38]*"é a ordem para remover os óbices ou sustar seus efeitos a fim de fluir a paz, com o tranquilo gozo dos direitos"*;[39]*"é*

---

(33) BUZAID, Alfredo. *Do Mandado de Segurança*. RF, 164:1.

(34) VELLOSO, Carlos Mário. *Curso de Mandado de Segurança*. São Paulo: Rev. dos Trib., 1986.

(35) FAGUNDES, Seabra. *O Controle dos Atos Administrativos pelo Poder Judiciário*. 4. ed., 1968.

(36) WALD, Arnold. *Do Mandado de Segurança na Prática Judiciária*. 3. ed., 1968, ps. 112/113.

(37) MEIRELLES, Hely Lopes. *Direito Administrativo Brasileiro*. 6. ed., 1978, p. 674.

(38) CRETELLA, José Jr., *ob. cit,*. p. 13.

(39) PACHECO, José da Silva. "Mandado de Segurança", in *Enciclopédia Saraiva do Direito*. São Paulo:

uma ação constitucional de índole interdital";[40]*"direito instrumental sumário à tutela dos direitos subjetivos incontestáveis contra ilegalidade ou abuso de poder de autoridade pública ou de agente de pessoa jurídica no exercício de atribuição do poder público".*[41]

Para Marcelo Caetano, o notável publicista português que viveu em nosso meio durante algum tempo, o mandado de segurança é um remédio expedito, uma ordem que o juiz singular ou o tribunal pode emitir, a requerimento do interessado, a uma autoridade, dita coatora, contra evidente *"direito individual oprimido"*[42].

Os conceitos reproduzidos demonstram que alguns juristas confundem, inadvertidamente, a ação de segurança com o mandado, que constitui o seu objeto (não objetivo) fundamental. Aquela é o continente; este, o conteúdo. A ideia de imposição, de ordem judicial destinada a combater ato ilegal ou abusivo de poder, praticado por autoridade pública, está ligada ao mandado, não à ação em si — do mesmo modo que quando se fala em meio constitucional colocado à disposição do indivíduo ou da coletividade, para aquele fim, se está a referir à ação, nunca ao mandado.

Feito esse reparo, apresentemos o nosso conceito de ação de segurança, ou assecuratória: (a) é o meio, (b) constitucionalmente previsto, (c) de que se pode valer a pessoa, física ou jurídica (d) para obter um mandado (e) destinado à proteção de direito (f), próprio ou de terceiro (g), individual ou coletivo (h), líquido e certo, (i) não amparado *por habeas corpus* ou por *habeas data,* (j) lesado ou ameaçado de lesão (k) por ato (I) de autoridade pública, seja de que categoria for e sejam quais forem as funções que exerça, (m) ou de representantes ou ógãos de partidos políticos ou de dirigentes de pessoa jurídica ou de pessoa natural no exercício de atribuições do poder público, (n) no que disser respeito a essas atribuições.

Façamos um breve exame dos elementos integrantes do conceito que apresentamos, esclarecendo, antes, que esses elementos, em sua maioria, serão objeto de exposição mais ampla nas páginas subsequentes:

(a) É o meio, aqui tomado como o direito público subjetivo de invocar a prestação da tutela jurisdicional do Estado, para obter uma peculiar modalidade de provimento;

(b) *constitucionalmente previsto,* porque a atual Constituição da República, em salutar tradição iniciada pelo Texto de 1934, faz alusão expressa ao mandado de segurança (art. 5.º, LXIX). Esse fato é de extrema importância, pois estando a

---

Saraiva, v. 51.

(40) Othon Sidou, *Ob. cit.*, p. 263.

(41) FILHO, Diomar Ackel. "Writs Constitucionais". São Paulo: Saraiva, 1. ed., 1988, p. 59.

(42) *Ob. cit.*, 252:29 a 33.

ação de segurança prevista constitucionalmente, isso significa que ela não poderá ser eliminada de nosso ordenamento jurídico por norma infraconstitucional. O direito público subjetivo de ação está genericamente assegurado pelo art. 5.º, XXXV, da Constituição vigente; isso não é bastante, contudo, para assegurar a sobrevivência de uma espécie particular de ação, a de segurança. Daí, a relevância da previsão feita pelo inciso LXIX do precitado artigo;

(c) *de que se pode valer a pessoa, física ou jurídica*, pois a ação de segurança está a serviço tanto de uma quanto de outra; no caso das pessoas jurídicas, dever-se-á observar a regra do art. 75, do CPC.

A Lei n. 1.533/1951 aludia ao pronome indefinido *alguém* (art. 1.º, *caput*); a Lei n. 12.016/2009, mais precisa, faz referência a "*pessoa física ou jurídica*" (art. 1.º, *caput*).

(d) *para obter um mandado*, porquanto, como dissemos, a ação *sub examen* tem como objeto o obtenimento de uma ordem judicial destinada a proteger direito, líquido e certo, lesado ou ameaçado de lesão por ato de autoridade pública. Essa característica, porém, não justifica, a nosso ver, a classificação dessa ação como mandamental, como querem Lopes da Costa e Pontes de Miranda. Conforme procuraremos demonstrar, mais adiante, ainda que haja uma certa dificuldade de classificar a ação de segurança segundo os modelos conhecidos, ela tende para a cognição; cognição estrita, pois nela somente se admite prova documental (Lei n. 11.016/2009, art. 6.º), ou seja, pré-constituída.

(e) *destinado à proteção de direito*, porque somente em casos excepcionais o mandado de segurança terá como finalidade a defesa de *interesse*.

(f) *próprio ou de terceiro*, porque, embora o princípio seja o de que a ação de segurança somente possa ser aforada pelo titular do direito subjetivo lesado ou ameaçado de lesão, a lei, em determinadas situações, atribui a algumas entidades a qualidade de substitutas processuais, de tal maneira que poderão, assim legitimadas de maneira extraordinária, impetrar, em nome próprio, a expedição de mandado de segurança necessário à tutela de direito pertencente a terceiro. Uma dessas situações está prevista no art. 3.º, da Lei n. 12.016/2009; outra, no art. 5.º, LXX, da Constituição Federal, que dá legitimidade para postular mandado de segurança coletivo não apenas aos partidos políticos com representação no Congresso Nacional, como, também, às organizações sindicais, às entidades de classe ou associações legalmente constituídas e em funcionamento há pelo menos um ano;

(g) *individual ou coletivo*, pois a vigente Constituição Federal trouxe — para figurar ao lado do tradicional mandado de segurança individual — o *mandamus* coletivo, que visa, como a própria denominação está a indicar, à proteção de direitos coletivos, equivale a dizer, que respeitem a um grupo de pessoas (a categoria, por exemplo) não identificadas subjetivamente.

(h) *líquido e certo*, ou seja, que o fato que dá origem ao direito alegado possa ser provado documentalmente; se a prova do fato depender da utilização de outros meios (testemunhal, pericial etc.), a defesa do direito correspondente não poderá ser realizada por via de mandado de segurança, mas por ação de outra natureza. Pensamos, contudo, que a expressão legal: "direito líquido e certo" não venha sendo corretamente interpretada pela doutrina predominante. Assim dizemos, porque, em princípio, todo direito é contestável. Desse modo, parece-nos que os atributos de liquidez e certeza se referem não ao direito em si, que se busca proteger, mas ao *fato constitutivo* do direito. Por esse motivo é que a prova, em sede de ação mandamental, como afirmamos há pouco, é sempre pré-constituída: o impetrante deve provar, desde logo, por meio de documentos, a liquidez e a certeza do fato alegado, do qual se origina o direito que deseja ver tutelado. Não se admite produção de prova testemunhal nessa modalidade de processo.

(i) *não amparado por "habeas corpus" ou "habeas data"*. Se o direito lesado, ou ameaçado de lesão, for relativo à locomoção do indivíduo (ir e vir), a sua tutela deverá ser buscada por meio de *habeas corpus*. Faz parte de nossa tradição legislativa (constitucional e ordinária) a ressalva à possibilidade de o direito ser protegido pelo *habeas corpus*, como critério para afastar a incidência do mandado de segurança. Com o advento da atual Constituição da República essa ressalva foi ampliada para abarcar, igualmente, o *habeas data*, a nova figura por ela introduzida em nosso ordenamento jurídico.

(j) *lesado ou ameaçado de lesão*, porque o mandado de segurança serve não apenas para restaurar um direito violado como para evitar essa violação — hipótese em que terá caráter preventivo.

(k) *por ato*, pois o mandado procura combater não a autoridade (dita coatora), subjetivamente considerada, mas o ato por ela praticado; ou a omissão a que tenha dado causa.

(l) *de autoridade pública, seja de que categoria for e sejam quais forem as funções que exerça*, uma vez que os atos realizados pelos particulares não ensejam, em princípio, o uso da ação de segurança; há algumas exceções a esta regra – que, todavia, não a invalidam.

(m) *ou de representantes ou órgãos de partidos políticos dirigentes de pessoa jurídica ou de pessoa natural no exercício de atribuições do poder público*. A Lei n. 1.533/1951, no *caput* do art. 1.º, aludia a *agente de pessoa jurídica no exercício de atribuição de poder público*. E, no § 1.º do mesmo artigo, considerava como autoridades os representantes ou órgãos dos partidos políticos e os representantes ou administradores das entidades autárquicas e das pessoas naturais ou jurídicas com funções delegadas do poder público (somente no que entendessem com essas funções).

A Lei n. 12.016/2009, no § 1.º do art. 1.º, faz menção a "*representantes ou órgãos de partidos políticos*" e aos "*administradores de entidades autárquicas, assim como aos dirigentes de pessoas jurídicas ou as pessoas naturais no exercício de atribuições de poder público"*.

Dispõe, a propósito, a Súmula n. 510 do STF: *"Praticado o ato por autoridade, no exercício de competência delegada, contra ela cabe o mandado de segurança ou a medida judicial"*. Por outro lado, não é admissível a ação de segurança contra ato de dirigente de empresa pública com personalidade jurídica de direito privado, exceto se praticado no exercício de atribuição delegada de poder público. A jurisprudência, entretanto, vem aceitando o mandado de segurança contra diretor de estabelecimento particular de ensino superior.

(n) *no que disser respeito a essas atribuições.* Para que os atos das pessoas (autoridades) descritas no *caput* e no § 1.º do art. 1.º da Lei n. 12.016/2009 possam ser objeto de impetração de mandado de segurança é necessário que tenham sido praticados no exercício das atribuições inerentes ao cargo que ocupam. Desse modo, se, por exemplo, uma autoridade pública demitir uma empregada doméstica, que lhe prestava serviços, não se há que cogitar de impetração de mandado de segurança, pois o ato não foi praticado em decorrência do cargo que essa autoridade ocupa, e sim em razão de ser uma empregadora como outra pessoa qualquer.

Nada dissemos acerca do procedimento (rito) por entendermos que esse elemento é absolutamente desnecessário ao conceito de ação de segurança.

2. Natureza jurídica

No passado, muito se discutiu sobre a natureza jurídica do mandado de segurança, esse notável instituto democrático concebido pelo gênio brasileiro e oficialmente nascido na Constituição Federal de 1934, como vimos. Essa polêmica doutrinal penetrou a própria jurisprudência, tendo alguns tribunais afirmado que o *mandamus* era causa e não ação[(43)]. Outras vezes, disse-se que ele era remédio e não ação[(44)], chegando-se, mesmo, a sustentar que não era causa nem ação, mas *"medida acautelatória, remédio com finalidade preventiva"*[(45)]. Houve, ainda quem negasse ao mandado de segurança a natureza de ação, preferindo vê-lo como simples remédio jurídico, sem forma nem figura de juízo, destinado à rápida proteção de direitos individuais líquidos e certos, para os quais não

---

(43) Ac. do Trib. de Just. de Minas Gerais, de 28-10-1940, Agravo n. 206, Rel. Des. Guido Cardoso de Menezes, in Rev. Forense, vol. 86, p. 404.

(44) Ac. do Trib. de Just. do Distrito Federal, de 21-11-1949, Mandado de Segurança n. 6.420, Rel. Des. J. Prudente Siqueira, *in* Jurisprudência Mineira, vol. III p. 547.

(45) Voto proferido pelo Min. Carvalho Mourão, no Supremo Tribunal Federal, no Mandado de Segurança n. 60, *in* Arquivo Judiciário, vol. 39, p. 346.

houvesse outra providência judicial adequada, concluindo-se que ele não possuía feição contenciosa nem produzia coisa julgada material(46).

Já não há lugar, todavia, nos tempos atuais, para essa disputa, pois a doutrina é unívoca em considerá-lo como ação, do ponto de vista ontológico.

Antes de prosseguirmos, desejamos voltar a chamar a atenção ao fato de que, em verdade, o que se discutiu, outrora, foi quanto à natureza jurídica do mandado de segurança, sem se dar conta, a doutrina do período, de que este é apenas o objeto da ação. O que se deveria ter questionado, isso sim, era a *natureza jurídica* do ato jurisdicional de onde provinha o *writ*.

Se, conforme o ângulo ontológico, já se definiu que o mandado de segurança traduz uma ação (entendida como o direito subjetivo público de provocar o exercício do poder-dever jurisdicional do Estado), a mesma definição ainda não se formou, por inteiro, quanto à espécie de ação a que o *mandamus* pertence.

Para Castro Nunes, mandado de segurança é sempre *executório*, cujo caráter está implícito na própria denominação(47). Argumenta o ilustre jurista que, de outro modo, a defesa do direito não estaria assegurada: "*E assegurar é garantir ou restaurar o direito, restituí-lo, efetivá-lo, premuni-lo contra a violação iminente*".(48)

A jurisprudência dos primeiros tempos, aliás, consagrava esse entendimento. Em acórdão proferido no Supremo Tribunal Federal, em abril de 1935, o Min. Costa Manso observou que o mandado de segurança veio para substituir o *habeas corpus "nos casos em que esta Corte entendia, antes da Reforma Constitucional de 1926, que os podia resolver por meio desse processo. E um sucedâneo do habeas corpus. E as decisões proferidas em processo de habeas corpus eram executadas manu militari. A lei declarava mesmo: "o juiz que concedia o habeas corpus era obrigado a fazê-lo executar"*.

Devemos ressaltar, porém, o fato de alguns Ministros do Excelso Pretório, como Carvalho Mourão e Arthur Ribeiro, terem defendido a opinião de que o *mandamus* teria caráter apenas declaratório.

Dissentindo de Castro Nunes, que sustenta a natureza executória do mandado de segurança, Alfredo Buzaid adverte que embora a matéria habitualmente versada nessa ação seja de índole administrativa, nem por isso se pode inferir o caráter administrativo do mandado de segurança, pois a invocação do Poder Judiciário, com o escopo de obter a tutela do direito, dá àquele remédio um traço caracteristicamente jurisdicional, excluindo, portanto, a figura do recurso

---

(46) Trib. de Justiça de S. Paulo, *in* RJ, 40:283.

(47) *Obra cit.*, p. 41.

(48) *Idem, ibidem.*

administrativo[49]. Ademais — prossegue o eminente jurista — não se pode atribuir ao *mandamus*, sempre e necessariamente, caráter executório, porquanto ele pode se destinar, muitas vezes, à consecução de um provimento jurisdicional declaratório ou constitutivo, desprovido de execução forçada, concluindo que a expedição do mandado é efeito secundário da sentença, que, a despeito de não pedido expressamente pela parte, decorre necessariamente da lei.[50]

Pontes de Miranda, estribando-se na doutrina de Kuttner[51] (a que, mais tarde, aderiu Goldschmidt), segundo a qual a classificação das ações deveria ser feita de acordo com a natureza do provimento jurisdicional solicitado, atribuiu ao remédio em exame o caráter mandamental.[52] *Data venia*, o parecer de Portes de Miranda está gravemente comprometido por um erro óptico, consistente em confundir o objeto da ação de segurança, com esta. Ora, a ação assecuratória não tem natureza mandamental; o sentido de ordem, de determinação está ligado ao *mandado* que o juiz expede. Logo, traduz indisfarçável deslize técnico classificar-se a ação segundo o seu objeto. Como pontifica Alfredo Buzaid, a característica fundamental dessa ação não se encontra tanto no mandado quanto no reconhecimento de um direito líquido e certo, acolhido pela sentença, completando: "*A decisão é o plus; o mandado, o posterius. Este não existe sem aquela; em compensação, aquela contém ínsito o mandado, que é, em última análise; considerá-lo simples contramedida de execução será ver no fenômeno jurídico apenas os demais, nomeadamente, a eficácia da sentença, que resolve o conflito de interesses entre o particular e a Administração pública*".[53]

Juntamente com Alfredo Buzaid[54], Moacyr Amaral Santos[55] e Celso Agrícola Barbi[56], dentre outros, entendemos que a natureza jurídica da ação de segurança é de conhecimento, ainda que se trate de cognição restrita, que não vai além da prova documental.

Destarte, se viermos a fazer o uso da expressão "ação mandamental", ao longo deste livro, isso não significa que estejamos aludindo à atureza jurídica da ação, mas, sim, apenas utilizando o adjetivo "mandamental" como sinônimo de *ação de mandado de segurança*.

---

(49) *Obra cit.*, p. 20.

(50) *Idem, ibidem.*

(51) Kuttner, *Urteilswirkungen ausserhalb Zivilprozess* 1941: sentenças mandamentais são aquelas que o juiz, sem resolver a relação de direito privado, que dá conteúdo à lide, mandar praticar ato ou abster-se de praticá-lo.

(52) *Comentários ao Código de Processo Civil*, 2. ed. 1959, vol. 4, p. 431.

(53) *Do Mandado de Segurança*, RF, 164:11.

(54) *Obra cit.*, p. 75.

(55) *Natureza jurídica do mandado de segurança*, RDP, 17:16.

(56) *Obra cit.*, p. 73.

Resta saber, contudo, a que subclasse pertence essa ação: das declaratórias, das constitutivas ou das condenatórias? Em rigor, pode acomodar-se em qualquer das três subclasses mencionadas; tudo dependerá da espécie de pedido que se formule, ou melhor, da espécie de provimento jurisdicional que se procura obter: declaratório, constitutivo ou condenatório. Exemplo do primeiro, segundo Alfredo Buzaid, é o pedido de declaração de inexistência de relação jurídica tributária criada por lei inconstitucional; do segundo, a desconstituição da nomeação de servidor público por inobservância da ordem de classificação; do terceiro, a ação do servidor da administração direta ou autárquica, tendo por objeto o pagamento de vencimentos e vantagens pecuniárias. Particularmente, não estamos convencidos do cabimento da ação de segurança em relação ao primeiro exemplo referido. Parece-nos que a inexistência de relação jurídica tributária criada por lei inconstitucional deve ser objeto de ação declaratória negativa, com fundamento no art. 19, I, do CPC.

Em síntese, a ação de segurança é de cognição restrita e pode compreender as espécies declaratória, constitutiva ou condenatória, conforme seja o pedido formulado ou a natureza do provimento jurisdicional que se pretende conseguir. O seu procedimento é especial e a sentença se submete a peculiar forma de execução. Não concordamos, pois, com a corrente de opinião que reconhece nesse tipo de ação, apenas, a natureza constitutiva.

3. Relação jurídica

Sendo o processo modernamente reconhecido como o método, a técnica, o instrumento de que se vale o Estado para realizar, em caráter monopolístico, a solução dos conflitos subjetivos de interesses ocorrentes entre os indivíduos, é irrefutável a conclusão de que as relações jurídicas que nele se estabelecem são de direito público. O processo já não é coisa das partes, ainda que as relações materiais (ou substanciais, como preferir-se) sejam reguladas pelo direito privado.

Não é diferente o que se passa no plano da ação de segurança; aqui, o que se resolve é uma relação de direito público, definida pelo dever legal da autoridade e pelo direito correlato de se lhe exigir o cumprimento desse dever.[(57)]

É irrelevante, por isso, investigar se o direito do impetrante, lesado ou ameaçado de lesão por ato de autoridade, praticado com ilegalidade ou abuso de poder, é de natureza privada, ou não. A sua tutela deverá ser efetuada pelo *mandamus*, salvo se estiver presente algum obstáculo legal, como o representado pelo art. 5.º, da Lei n. 12.016/2009.

---

(57) Castro Nunes, "Do Mandado de Segurança", Rio: Forense, 8.ª ed., 1980.

Assinala Castro Nunes que se a autoridade pública criar embaraços ao exercício de um direito, mesmo que não o negue, ou se o desconhece ou nega no recusar-lhe um complemento de que dependa o pertinente exercício, o que se examina, em qualquer hipótese, é o ato da autoridade, para afastar o empecilho e restabelecer o direito ou para compelir a administração pública a praticar o ato recusado.[58] No primeiro caso — continua o insigne jurista — o direito está pressuposto, pois a autoridade não lhe contesta a existência; apenas lhe impõe, por exemplo, restrição de polícia. O exame dessa restrição será o mérito do julgamento. Pode acontecer, entretanto, que se torne necessário um ato oficial para que o direito se efetive ou possa ser exercitado, ato que a autoridade recuse por um fundamento que envolva a existência do próprio direito. Ainda aqui não se alteram os termos da questão, pois o fulcro da recusa é o mérito do ato administrativo. O conteúdo deste é que deve ser examinado. Se a recusa é ilegal, a ordem para praticar o ato envolve necessariamente a afirmação do direito desconhecido ou negado[59]: "*Restrito ao exame da questão entre o impetrante e o Poder Público, circunscrito à relação de direito público gerada pela violação decorrente de ato funcional de autoridade, é bem de ver que escapam ao âmbito do mandado de segurança as contestações que possam existir entre o titular do direito, que o reclama, e terceiros. Porque, já então não é da questão entre o Poder Público e o impetrante que se trata, ou, melhor dizendo, o que se controverte não é somente a relação de direito público,* única acessível ao mandado de segurança, mas outras relações jurídicas, de ordem privada ou envolvendo direito de terceiros, para cuja solução o remédio não seria idôneo".[60]

4. Classificação

Visto sob o ângulo dos efeitos que produz em relação ao ato ilegal da autoridade, o mandado de segurança pode ser: a) repressivo ou b) preventivo.

No primeiro caso, destina-se a corrigir a ilegalidade e, com isso, restaurar o direito lesado; no segundo, como o próprio vocábulo sugere, procura evitar a concretização de lesão ao direito subjetivo do impetrante.

A existência de mandado de segurança preventivo é patenteada pela locução "houver justo receio de sofrê-la" (a lesão), constante do *caput* do art. 1.º, da Lei n. 12.016/2009.

É interessante registrar que os legisladores brasileiros de outrora se afeiçoaram ao uso da expressão "justo receio", como demonstrava, *v.g.*, o art. 798 do

---

(58) *Idem, ibidem.*
(59) *Idem, ibidem*
(60) *Ibidem*, p. 48.

CPC de 1973 (falava-se, aqui, em "fundado receio", o que significava a mesma coisa). Essa expressão, todavia, se literalmente interpretada poderia conduzir a ilação equívoca, marcada por acentuada carga de subjetivismo. Com efeito, o que se deveria considerar não era o "justo receio" da parte, no que tocava à iminente violação de um seu direito subjetivo, e sim a *ameaça objetiva* dessa lesão. De nada valeria o simples temor, a mera *sensação* de que o direito poderia vir a ser lesado por ato ilegal de autoridade se o juiz não encontrasse nos autos algum elemento objetivamente constatável que justificasse aquele receio e a consequente proteção preventiva do direito. O CPC de 2015 abandonou essa expressão.

A ameaça, capaz de autorizar a concessão de mandado de segurança, deve ser não somente real, concreta, mas atual, vale dizer, deve estar presente no momento em que o juiz aprecia o pedido formulado pelo impetrante. Se a ameaça, por qualquer motivo, desapareceu, o autor deverá ser declarado carente da ação de segurança, por faltar-lhe o indispensável interesse processual (CPC, art. 17). Realmente, se inexistente a ameaça, que necessidade teria ele de obter o provimento jurisdicional solicitado?

Nos primeiros momentos, contudo, houve certa resistência à aceitação do mandado de segurança *preventivo*; doutrina e jurisprudência uniram-se nessa reação infundada. Os integrantes desse movimento não atentaram para a absurdidade que seria exigir-se, primeiro, a violação do direito para, só depois, permitir-se o uso do mandado de segurança para restaurá-lo. Ora, se a ameaça de lesão é real e atual, tudo recomenda a outorga do *mandamus* como providência jurisdicional tendente a evitar que ocorra a lesão do direito subjetivo do impetrante, de cuja liquidez e certeza não se duvida.

A possibilidade, aliás, de o mandado de segurança ser utilizado com intuito preventivo já estava prevista no art. 113, n. 33, da Constituição Federal de 1934, como se infere do vocábulo *ameaçado*, anteposto ao *violado*.

O tema pertinente a essa modalidade de *mandamus* é fronteiriço com o da proibição do mandado de segurança contra lei em tese, objeto de Súmula do Supremo Tribunal Federal (n. 266).

Dilucida Hely Lopes Meirelles que a lei em tese, como norma abstrata, não é atacável pelo *mandamus*, pela evidente razão de que não lesa, por si só, nenhum direito subjetivo; sendo assim, toma-se necessária a conversão da norma abstrata em ato concreto, para sujeitar-se à ação de segurança.[61]

Podemos acrescentar que a função clássica que o Judiciário desempenha no conjunto dos Poderes do Estado se concentra na aplicação da norma legal aos casos concretos submetidos à sua cognição, daí porque, em princípio, implicaria

---

(61) *Obra cit.*, ps. 14/15.

brusca ruptura com essa tradição a possibilidade de esse Poder pronunciar-se acerca de lei ainda não vigente. Mais do que isso, seria uma perigosa ingerência do Judiciário nas atividades do Congresso Nacional. Que o Judiciário possa exercer o controle da constitucionalidade das leis e dos atos normativos do Poder Público é algo que não se discute, pois tem sede constitucional (art. 102, I, *a* e 103); o que não se admite é que possa interferir na atividade do legislador.

Como acentua Victor Nunes Leal, *"a limitação não se funda na maior ou menor extensibilidade desse remedium iuris, mas resulta da própria natureza da função jurisdicional, e alcança, portanto, todo processo judicial, qualquer que seja o seu rito, o mandado de segurança, inclusive"*.[62]

É verdadeiro, porém, que essa imunidade dos atos legislativos ao controle por via de mandado de segurança já não é absoluta, pois a doutrina e a jurisprudência admitem esse controle quando for o caso de: a) leis e decretos de efeitos concretos, porque, ainda que sob a forma de estatutos normativos, constituem na realidade atos administrativos quanto aos seus resultados b) leis autoaplicáveis, porquanto, embora de caráter geral, produzem desde logo efeitos concretos no círculo das relações das pessoas no qual incidem. Situam-se aí, *e.g.*, as leis que desmembram serventias da Justiça, declaram utilidade pública, aprovam planos de urbanização, revogam isenções fiscais, fixam tarifas, proíbem atividades profissionais etc.

Esclareça-se que no tocante às leis autoaplicáveis o objetivo do impetrante não será fazer com que o órgão jurisdicional pronuncie a nulidade da norma, mas, sim, que impeça a sua aplicação pela autoridade administrativa, no todo ou em parte, conforme seja a hipótese. Não se destina, o mandado de segurança, pois, na espécie, a atacar lei em tese, senão que os efeitos da norma legal autoaplicável. Nesse sentido, o entendimento de Celso Agrícola Barbi *"No caso, por exemplo, das leis autoexecutáveis, a sentença judicial não poderá ter nunca o alcance de anular, aniquilar a lei, como não o poderia ter com relação a qualquer lei. Seu efeito seria apenas de subtrair o autor da demanda aos efeitos da lei inconstitucional. A lei continuaria válida em relação a outros direitos do demandante que não tivessem sido deduzidos na ação. E igualmente continuaria válida relativamente a outras pessoas"*.

A autoridade coatora, em se tratando de mandado de segurança contra lei autoaplicável, será não o juiz, que acaso já tenha aplicado a norma, nem o legislador, que a elaborou, e sim a autoridade pública a quem couber a aplicação da lei, pois é preciso não se perder de vista o fato essencial de que o *mandamus* visa, aqui, à ameaça, à virtualidade da aplicação da norma legal.

---

(62) Apud Castro Nunes, *Obra cit.*. p. 107.

Como falamos, há pouco, em controle jurisdicional da constitucionalidade, torna-se conveniente exararmos agora alguns comentários acerca do binômio: mandado de segurança e inconstitucionalidade.

O princípio dominante é de que as leis comuns, por possuírem caráter geral e abstrato, repelem o emprego do *writ*. Como não ocorre, na hipótese, ameaça ao direito do impetrante, por parte da autoridade pública, eventual consentimento no uso do *mandamus* contra leis comuns o transformaria, arbitrariamente, em instrumento de interpretação de lei em tese.

Submete-se a esse princípio, conseguintemente, o problema das leis inconstitucionais, que, desse modo, não ensejam a utilização do mandado de segurança para obter a declaração de contraste com a Constituição. Esse foi, a propósito, o correto entendimento manifestado pelo Excelso Pretório, no longínquo julgamento do MS 768, em que foi Relator o Min. Orozimbo Nonato (RF, 113:402).

Inexistindo ameaça efetiva a direito líquido e certo, consubstanciada em ato de autoridade pública, será inadmissível a impetração de mandado de segurança, ainda que se alegue ofensa à Constituição. O *mandamus* somente poderá ser solicitado quando a lei inconstitucional revestir-se das características de norma autoaplicável; tirante essa hipótese, o *writ* não deverá ser aceito, uma vez que a obtenção, por seu intermédio, de provimento declaratório de inconstitucionalidade da lei não se harmoniza com a estrutura e a finalidade dessa ação assecuratória, motivo por que deverá o interessado aguardar a prática dos atos executivos para esboçar reação mediante o *mandamus*[(63)]. Cabe salientar, no entanto, que mesmo sendo o caso de norma autoaplicável o mandado de segurança concedido não terá eficácia para invalidá-la, anulá-la: o seu efeito será somente o que evitar que atos administrativos venham a executar a lei e, em função disso, causar lesão a direito líquido e certo do impetrante.[(64)]

5. Desistência

Entendemos que o impetrante possa desistir da ação de segurança (desde que ainda não julgada) mesmo sem anuência da pessoa jurídica de direito público interessada. Não se aplica à espécie o art. 485, § 4.º, do CPC, de acordo com o qual depois de oferecida a contestação, o autor só poderá desistir da ação se com isso concordar o réu, pois na ação de segurança inexiste, em rigor, réu, mas apenas autoridade apontada como coatora.

---

(63) *Obra cit.*, n. 130, ps. 150/151

(64) CAVALCANTI, Themistocles Brandão. *Do Mandado de Segurança*. Rio de Janeiro: Freitas Bastos, 4. ed. 1957, ps. 184/185.

O mesmo se afirme quando se tratar de mandado de segurança impetrado contra ato jurisdicional; nesse caso, é provável que a desistência da ação de segurança seja até mesmo benéfica para o processo em cujos autos foi praticado o ato impugnado pelo *writ*, na medida em que o curso desse processo pode ter sido suspenso pela concessão do *mandamus*, de maneira que a desistência da ação assecuratória significará a remoção do obstáculo que estava a impedir o trâmite do processo (de conhecimento, de execução ou cautelar). Condicionar a desistência manifestada pelo impetrante à concordância do juiz ou do tribunal que tenha sido apontado como autoridade coatora implicaria, por isso, fazer com que o processo dirigido por essa autoridade permanecesse sobrestado, em prejuízo do interesse de uma das partes ou eventualmente de ambas.

Uma coisa é certa: a desistência da ação de segurança, assim como das ações em geral, só produzirá efeitos depois de homologada por sentença (ou acórdão). Acarretando, essa desistência, a extinção do processo sem exame do mérito (CPC, art. 485, VIII), isso significa que o autor (impetrante) poderá ajuizar a ação outra vez, desde que o prazo decadencial não se tenha esgotado (CPC, art. 486; Lei n. 12.016/2009, art. 6.º, § 6.º).

O mesmo se afirma quando se tratar de demanda de segurança impetrada contra ato jurisdicional: nesse caso, é possível que a desistência da ação de segurança [illegible] processo em que [illegible] foi [illegible] sido suspenso pelo concessão do mandamus, de maneira que a desistência da ação [illegible] a retomada do processo [illegible] de cumprimento de sentença ou execução [illegible] pelo [illegible] a concordância do [illegible] que [illegible] autoridade coatora implicaria, por isso, fazer com que o processo [illegible] por essa autoridade permanecesse sujeito à [illegible] do interesse de uma das partes ou, eventualmente, de ambas.

Uma coisa é certa: a desistência da ação de segurança, assim como das ações em geral, só produzirá efeitos depois de homologada por sentença (art. [illegible]) [illegible] a extinção do processo sem exame do mérito [illegible] que o autor (impetrante) poderá ajuizar [illegible] (CPC, [illegible]).